ILUMINACIÓN INSTANTÁNEA

DAVID DEIDA

ILUMINACIÓN INSTANTÁNEA

Cómo descubrir el poder del instante presente

EDICIONES OBELISCO

Si este libro le ha interesado y desea que le mantengamos informado
de nuestras publicaciones, escríbanos indicándonos qué temas son de su interés
(Astrología, Autoayuda, Ciencias Ocultas, Artes Marciales, Naturismo, Espiritualidad,
Tradición...) y gustosamente le complaceremos.

Puede consultar nuestro catálogo en www.edicionesobelisco.com.

Colección Espiritualidad, Metafísica y Vida interior
ILUMINACIÓN INSTANTÁNEA
David Deida

1.ª edición: noviembre de 2010

Título original: *Instant Enlightenment*

Traducción: *Dagny Romero*
Maquetación: *Marga Benavides*
Corrección: *M.ª Ángeles Olivera*
Diseño de cubierta: *Enrique Iborra*

© 2007, David Deida
(Reservados todos los derechos)
Originalmente publicado en inglés por Sounds True, USA (www.soundstrue.com)
Edición en español por acuerdo con Bookbank Agencia Literaria, Madrid.
© 2010, Ediciones Obelisco, S. L.
(Reservados los derechos para la presente edición)

Edita: Ediciones Obelisco, S. L.
Pere IV, 78 (Edif. Pedro IV) 3.ª planta, 5.ª puerta
08005 Barcelona - España
Tel. 93 309 85 25 - Fax 93 309 85 23
E-mail: info@edicionesobelisco.com

Paracas, 59 - Buenos Aires
C1275AFA República Argentina
Tel. (541 - 14) 305 06 33
Fax: (541 - 14) 304 78 20

ISBN: 978-84-9777-688-2
Depósito Legal: B-36.960-2010

Printed in Spain

Impreso en España en los talleres gráficos de Romanyà/Valls S. A.
Verdaguer, 1 - 08786 Capellades (Barcelona)

Aviso importante
por favor, lee esto

Los ejercicios que contiene este libro únicamente se proporcionan para el placer de la lectura y el entretenimiento. Si los lectores deciden realizar estos ejercicios, lo hacen bajo su propia responsabilidad. Aunque para algunos, estos ejercicios pueden resultar entretenidos, éstos, así como las interpretaciones contenidos en este libro, se ponen a su disposición, entendiéndose que ni el autor ni el editor se comprometen a que sustituyan los consejos de médicos y psicológicos, o emocionales, sexuales o espirituales. No hay tampoco nada en este libro que intente constituir un diagnóstico, una receta, una recomendación o una cura para cualquier clase de problema médico, psicológico, emocional, sexual o espiritual. Cada persona tiene necesidades únicas y este libro no puede considerar estas diferencias individuales. Cada persona sólo debería formar parte de un programa de tratamiento, de prevención, de cura o de salud general con el asesoramiento de alguien autorizado, de un médico cualificado, de un terapeuta o de otro profesional competente.

INTRODUCCIÓN

Si lo que quieres es felicidad verdadera, aquí la tienes.

La iluminación es libre. Es amor. Es apertura.

Y es ahora, igual que tú. Éste libro te lo demostrará y te enseñará cómo conseguirlo.

La iluminación *siempre* es instantánea y súbita.

Y, por lo general, se olvida de una manera igual de súbita.

Así que repite estos breves ejercicios, que a menudo son rápidos, infinitamente profundos, y a veces descaradamente sexys.

Practícalos una y otra vez con humor, hasta que sepas que eres amor. Que eres libre. Y que no puedes hacer nada más que regalarlo.

Durante el resto de tu vida, relájate y ábrete en este instante, ahora mismo –tocando, comiendo, hablando.

Durante breves períodos de tiempo, a menudo frecuentes, siente sin cesar la apertura del amor que eres. De esta manera, vives como un regalo para todos.

La iluminación es instantánea, pero su expresión evoluciona y profundiza infinitamente.

Elige cualquier capítulo y comienza ahora.

1 DIOS

¿Qué quiere decir abrirse a Dios o amar a Dios?

Imagínate a la persona a la que más quieres en el mundo, tal vez tu hijo, tu madre, tu amante o tu mejor amigo, y siente lo que es amar a esa persona.

Ahora, toma un objeto que se halle cerca de ti, como este libro, el suelo que está debajo de tu cuerpo, o un cojín que tengas a mano. Ama al objeto que elijas con la misma intensidad con la que amas a la persona que más quieres.

Tal vez te sentirás extraño amando a un libro, al suelo o a un cojín tan plenamente, pero es posible. Quiere hasta que sientas que ofreces el mismo amor al objeto que has elegido que a la persona que más amas.

Cuando puedas amar a un objeto tan plenamente como a la persona que más quieras, entonces ama al espacio que se extiende enfrente o detrás de ti, a tu izquierda y a tu derecha, por encima y por debajo. Ama hacia el exterior, en todas las direcciones, con el mismo sentimiento con el cual te abres a la persona amada.

Entonces ama a todo lo que esté en tu interior –incluso a tus más oscuros lugares secretos de vergüenza y perversidad– con el mismo cariño que muestras hacia la persona que más quieres. Esto puede llevarte cierto tiempo, aunque también puedes ser capaz de actuar de inmediato.

Si amas a una persona, puedes amar a Dios. Él es todo y lo que está más allá de todo. Ama a todo y a todos, con independencia de que los conozcas o no, y estarás amando a Dios. Ama a todo lo que está dentro y fuera de ti, incluso al insondable misterio más allá de todo. Ábrete para sentirlo y amarlo todo, lo visible y lo desconocido. Ésta es una apertura hacia Dios, o para amar a Dios.

Cada instante que ames tan plenamente es iluminación. Pero como normalmente estás acostumbrado a reprimir tus sentimientos, en un instante puedes encontrarte súbitamente absorto hurgándote la nariz o rascándote la barbilla mientras trabajas por la paz mundial redactando una carta a un diputado.

Tu amor puede truncarse durante días mientras que te pierdes en obligaciones, tareas y emociones –cuidando de una familia, teniendo éxito en tu profesión, hablando, teniendo relaciones sexuales, o comiendo. Tal vez no te abras a Dios por el bien de tu experiencia temporal. Tu vida en constante cambio nunca te llena por completo y lo sabes.

La iluminación instantánea consiste en amar en este instante, como si estuvieses amando a la persona que más quieres en este mundo. No importa lo que estés sintiendo o experimentando, tanto por dentro como por fuera, ya que puedes amar sin contenerte en absoluto. Esto es lo que significa amar a Dios.

Así que comienza por sentir a la persona que más amas, y ábrete para incluir cada aspecto de cada momento en la apertura de tu amor.

La iluminación súbita consiste en ofrecerte a ti mismo abierto de esa manera.

Olvidar cómo amar es tener una vida cotidiana de tormento sutil.

2 TIENDA

Siente todas las prendas en tu tienda de ropa favorita. Empápate de los numerosos colores. Deja que las yemas de tus dedos rocen las texturas del dobby, del satén y de la piel. Pruébate lo que quieras. Deléitate en llevar primero un bonito conjunto y luego otro.

Continúa haciendo esto, mientras sientes que la gente del mundo está entablando guerras, está enferma o desesperada, y, entre tanto, disfruta de una tarde de compras. Empieza cerca de casa, con tu familia y amigos; conoce su sufrimiento personal o su dolor secreto.

Entonces, amplía tu radio de acción para poder sentir a todo aquel que en la Tierra pueda estar hambriento, enfermo o muriéndose. Dirije hacia ellos, desde tu corazón, la felicidad de probarse una ropa tan bonita. Gratifícales con la sensación de los tejidos y el color de la ropa. Imagínate ofreciendo tu maravillosa experiencia a todos los que están sufriendo.

Para ser libre como el amor, regala tu alegría.

Entrega todas tus maravillosas experiencias a los demás, como si fueran regalos, sin guardar nada para ti, ni siquiera un recuerdo. La culpa y la tensión surgen como consecuencia de acaparar tus momentos felices. La iluminación instantánea consiste en ofrecer toda tu felicidad a los demás.

3 BOCA

Todo parece mayor en tu boca. Una pequeña irritación o un minúsculo grano de arena pueden parecer enormes. Tus labios y tu lengua son muy sensibles a la hora de dar y recibir placer, al ser capaces de degustar tanto lo delicioso como lo agrio.

Una medusa no tiene lengua. Tal vez su cuerpo entero sea tan sensible como lo es tu lengua. Finge que tu cuerpo al completo es tan sensible como tu lengua. Imagínate lamiendo tus calcetines, saboreando el interior de tus pantalones, dando un beso apasionado al libro que tienes entre las manos.

Tal vez, afortunadamente, tu cuerpo entero no sea así. Tu paladar está a salvo de sabores bombardeantes. Tu lengua está protegida en tu boca, detrás de los dientes y de mandíbulas óseas.

Un árbol no tiene lengua y nunca saboreará el sudor salado de un amante tembloroso. Sin embargo, un árbol puede mover sus hojas al ritmo del sol y la lluvia, y arraigar profunda y suciamente en la rica y húmeda tierra, alejado del estrés de la vida o con pensamientos sobre la muerte. Un árbol no tiene lengua, pero a su manera entona melodías, desde las raíces hasta las hojas: «¡estoy vivo!».

La próxima vez que uses tu boca para practicar sexo, agradece que puedas hacerlo. Permite que la experiencia del sexo oral expanda y llene tu conciencia. Explora el paisaje de las sensaciones orales, los sabores y las texturas que lames, mordisqueas y chupas. Piérdete en el sexo oral como sólo un humano puede hacerlo.

Antes del nacimiento y después de la muerte, seguramente no tendrás lengua. ¿Quién sabe? Pero ahora mismo, bajo la forma humana, ¿cuál es la manera más artística de proporcionar placer con tu boca? ¿Cómo puedes ofrecer, como si se tratara de un presente, tu suave lengua y tus hábiles labios por el bien de los demás?

Con seguridad, puedes proporcionar placer a tu amante estimulándole, con tu lengua y tus labios, el cuello, los lóbulos de las orejas, los pezones, los muslos, los pies y los genitales. Pero, ¿acaso puedes ofrecer tu boca con el propósito de dar a tu amante la posibilidad de una siempre presente apertura, como un amor sin trabas, por el bien de todos los seres?

Éste es el iluminado propósito del sexo. El sexo oral es único por el hecho de que nuestras bocas son muy sensibles. En proporción, gran parte de la capacidad de tu cerebro se dedica a tu lengua y a tus labios antes que a cualquier otra parte del cuerpo. Obviamente, una gota de agua salada causa una reacción distinta si se deja caer sobre tu espalda que sobre tu lengua. Tanto más la textura y el sabor de un genital entre tus labios. Tu boca conoce la mayor parte de lo que toca.

Prueba con diminutos lametones o mordiscos, con movimientos más pequeños que un grano de arena. Permítele a tu amante que sienta cuán sensible es tu boca a través de los gruñidos y los gemidos que emites, al mismo tiempo que tu lengua y tus labios descubren los sabores explosivos y las texturas extremas de curvas y pliegues que ninguna secuoya jamás sentirá. Deja que tu perro se pregunte, en la habitación de al lado, por qué estás gimiendo de esa manera.

Convierte en sonidos los sabores degustados para que así tu amante conozca tu respuesta amplificada y vuestros corazones queden conectados y así aumente el amor, que fluirá entre vuestros cuerpos. La cuestión es convertir la extrema sensibilidad de tu boca en la ampliación del amor.

El amor a lametazos reduce todos los límites entre el uno y el otro. El amor que se agranda oralmente permanece durante mucho tiempo después de que hayas dejado de lamer y de chupar.

La luminiscencia de este amor la puede sentir tu mascota, del mismo modo que, lo creas o no, también la puede advertir una secuoya, y, ciertamente, tus hijos y tus amigos pueden sentir que tu corazón está más blando y vulnerable durante todo el día. Tu amor liberado es una bendición en sus vidas.

Un amor más grande que se ofrece a los demás es lo que tu lengua puede mostrar sexualmente. ¿Por qué no? Cualquier cosa inferior sería una infrautilización de ti como humano. Los árboles tienen su propia bendición. Ofrece tu parte humana más sensible como un regalo, presentando a todos bendiciones repletas de amor.

4 PELÍCULA

¿Cuál es tu película favorita?

Recuerda qué te gustó de esa gran película: su acción, su romance o sus personajes.

Ahora, imagínate que estás viendo un vídeo de esa película. Dispones de un dispositivo de control especial para rebobinar hacia adelante. Puedes pasar la película hacia delante sólo un poco, de manera que te resulte difícil seguir el argumento, o puedes hacer que vaya muy rápido, de modo que sólo veas una imagen borrosa.

Empezando a velocidad normal, ¿cuánto puedes acelerarla de manera que la película te siga pareciendo interesante? A la larga, la imagen se desplaza con tanta rapidez que pierdes el interés. ¿A partir de qué momento la historia deja de captar tu atención a causa de la velocidad?

También puedes imaginar que ralentizas un poco la película. Las voces son ligeramente más graves y las personas se mueven poco a poco, como si se tratara de mulas, pero todavía puedes seguir el argumento. Sin embargo, si lo ralentizas cada vez más –hasta que son necesarios tres minutos para que un actor dé un paso– mirar la película se convierte en algo insoportable. Es demasiado aburrida: no ocurren suficientes cosas.

Sólo te interesan las historias que tienen lugar a cierta velocidad. De hecho, puedes establecer tu propia velocidad de interés, haciendo el experimento que se acaba de describir con tu película favorita. Tal vez descubras que tus amigos pueden seguir disfrutando de la película después de que tú pierdas el interés, porque ésta es demasiado rápida o demasiado lenta para ti, pero sigue siendo interesante para ellos. La velocidad de interés es personal.

Evidentemente, están acaeciendo muchas cosas a tu alrededor, y el mundo va demasiado rápido o demasiado lento para interesarte. La hierba crece demasiado lento como para que resulte de tu interés. Las ondas sonoras de alta frecuencia se desplazan con demasiada rapidez, pero siguen captando la atención de tu perro.

Lo que tú crees que es tu mundo –el drama al cual prestas atención, la historia de tu vida real, tu trabajo y tu vida amorosa– está, en realidad, constituido de sucesos que se mueven a cierta velocidad.

Si pudieses ver tu vida entera reproducida a gran velocidad, de manera que su duración completa fuese de un minuto, la nebulosa de imágenes y sentimientos no te interesaría. Tu vida resultaría demasiado acelerada como para que advirtieras los dramas cotidianos. No te quedarías absorto en esa representación de un minuto, rápida como un destello. Asimismo, si se redujese la velocidad de tu vida, de forma que se precisaran años para cruzar una habitación, te volverías loco de aburrimiento.

No obstante, ciertas partes de tu vida están ocurriendo muy rápido –del mismo modo que el movimiento constante de tus ojos. Los científicos lo llaman *nistagmus fisiológico*, un temblor del ojo de alta frecuencia, que sirve para, continuamente, cambiar la imagen que se forma en la retina.

Tu cabello, por otro lado, crece con demasiada *lentitud* como para mantener tu atención ocupada. Sólo lo notas cuando ya te ha crecido demasiado.

Sin embargo, te mostrarás preocupado por la agitada discusión con tu cónyuge sobre quién se olvidó de pagar la factura. La discusión tiene lugar a cierta velocidad, y esto capta tu atención en mayor medida que tu cabello que crece, o que tus ojos a medida que se van moviendo.

Todo lo que ocurre con demasiada rapidez o demasiada lentitud como para captar tu atención pasa inadvertido. Es evidente que el dominio humano de la vida es muy estrecho; sin embargo, nos lo tomamos muy en serio.

La iluminación instantánea consiste en sentir la rígida y arbitraria escala de tiempo en la historia de tu vida. A ti te incumbe la pequeña parte de tu vida en movimiento que ocurre a medio camino entre la excesiva rapidez y la excesiva lentitud. Desde una escala de tiempo geológica, tu vida estalla con más rapidez que un grano de maíz en aceite caliente. Se hace en un instante. A pesar de todo, desde tu perspectiva humana, los sucesos cotidianos parecen imponentemente significantes.

Puedes, de hecho, entrenarte para poder experimentar sucesos que se mueven con mayor o menor rapidez, ampliando la historia que puedes seguir y comprender. Esto ejerce un efecto profundo en tu capacidad de ofrecer amor a los demás, antes de quedarte atrapado en el momento palomita.

Quédate quieto y aprende a sentir la creación de un solo pensamiento, del mismo modo que si miraras un globo mientras se va hinchando lentamente, hasta que estalla y desaparece.

Sigue de cerca la creación de un pensamiento y pon el mismo interés que cuando comienzas una conversación.

Cuando la historia de cada uno de los billones de pensamientos cotidianos que acuden a tu mente sea tan interesante —o tan aburrida— como una conversación normal, entonces, tu ansioso sentido del interés por ti mismo comenzará a decaer.

En el momento en que tu tensión se libera, también lo hace tu sentido de la velocidad, y pronto el humor suaviza la tirantez del terror, la esperanza y el miedo, al mismo tiempo que la historia de tu vida se desarrolla hasta el final.

Mientras te liberas para abrazar la escala del tiempo al completo, el humor de estar tan fuertemente comprometido con la diminuta película de la limitada velocidad humana te ensancha aún más.

Nada se pierde en esta amplitud. Sigues sintiendo de manera vívida tu nacimiento, tu vida y tu muerte; además, tu corazón sigue destrozado por la traición de tu amante. Te sentirás animado por el perfume de una rosa, o por la sonrisa repentina de un bebé. Abrazas cualquier cosa, incluido lo que normalmente va demasiado rápido o demasiado lento para la velocidad norma de la vida del ser humano. Y tu humor se abre de manera tan amplia como la existencia.

Cuando consigas realizar este ejercicio –sentir de verdad el tu interés y cuidado, y no sólo pensar intelectualmente en él–, entonces tu amor será liberado del tiempo.

Libremente rápido: puedes sentir intuitivamente la exquisita, cristalizada, repentina y borrosa hasta la invisibilidad velocidad de una luz previa que adquiere la forma de tu amante, advertida sólo después, como este mismo instante que en realidad ocurrió hace algunos nanosegundos, antes de ser procesado por tus ojos y tu cerebro y convertido en una imagen que se puede percibir y que tú llamas *ahora*.

Libremente lento: te puedes relajar como la eterna espera del movimiento continental, al mismo tiempo que se forman los océanos y las islas escupen como consecuencia de agitaciones volcánicas.

Tal vez sigas prefiriendo mirar las películas de la vida a la velocidad normal para el ser humano: tu hijo jugando con un gatito y tu amante acordándose de tu cumpleaños. Pero en la casa de al lado, con la velocidad de cada momento, se desarrollan enormes historias que involucran a un número incontable de seres, tanto grandes como pequeños, entre los cuales la historia de tu vida no es más que un estallido evanescente.

Cada vez que te des cuenta de que la vida desalienta, puedes imaginar que rebobinas la película de tu vida hacia delante hasta que se convierta en una nebulosa. Entonces, averigua adónde se dirige tu atención cuando las imágenes de tu vida ya no te mantengan atrapado y tu amor se amplíe de pronto hacia la luz.

5 MUTILACIÓN

Imagina que has sufrido una mutilación como consecuencia de un accidente de tráfico. Hay cortes por todo tu cuerpo causados por el metal. Estás tendido sobre el pavimento en un charco de sangre.

Imagínate durmiendo en una cama mullida, o sufriendo una mutilación en un accidente de tráfico. La diferencia se ha creado a partir de los mismos pensamientos que constituyen tu sufrimiento personal. ¿Qué significa esto? ¿Cómo descubrir la causa de tu sufrimiento y la fuente de tu felicidad verdadera? ¿Qué tiene esto que ver con accidentes de tráfico y con camas? Intenta realizar este experimento para obtener respuestas.

Desplázate entre estos dos sentimientos, del uno al otro: relajado, estirado en una cama grande y cómoda. Mutilado, tendido sobre un charco de sangre. Imagínate cada uno de ellos, siente ambos, primero uno y luego el otro. Una y otra vez. Observa las imágenes intensamente y siéntelas con profundidad. Cuerpo mutilado. Cama mullida.

Ahora, instantáneamente, siente el «quién» que *puede* vivir ambas situaciones, y relájalo.

Tú eres esa capacidad de sentir.

(Las imágenes eran sólo blancos para tu atención. El tú verdadero es el sentimiento-apertura que se da cuenta del movimiento que llama la atención entre las imágenes.)

Tú eres el espacio en el cual suceden las imágenes, donde la atención se desplaza entre un cuerpo mutilado y una cama mullida. Las imágenes cambian, pero el sentimiento-apertura –que es quien eres– está siempre e invariablemente abierto para sentir.

La iluminación instantánea consiste en relajarse y abrirse como esa capacidad de sentir, sin importar qué imagen esté teniendo lugar. Entonces eres libre para sentir, sin importar lo que esté ocurriendo, y puedes actuar como amor.

Si te olvidas de esta apertura de sentimiento, aunque sólo sea por una fracción de segundo, entonces parecerás atrapado otra vez. Recuerda esta apertura que eres y descubrirás al instante que el amor actúa espontáneamente, sin estar ya atrapado por la imagen de tu vida.

No te creas una sola palabra sobre esto. Cuando realices este ejercicio, descubre lo que es verdad para ti. Observa si cambias con la imagen, o si eres la apertura allí donde ésta tiene lugar, la apertura que siente los cambios.

Practica la iluminación ahora. Cuerpo mutilado. Cama mullida. Las imágenes han cambiado.

¿En qué lugar brilla la luz de tu imaginación?

¿Es este sentimiento-apertura que tú eres diferente a como eras antes?

6 INSECTO

Estás en un parque cubierto de hierba. Eres un insecto que se ha arrastrado por debajo de una deposición de perro. Estás acurrucado entre el césped del parque y la tibia caca. Está oscura y pegajosa, pero es segura. Puedes comer la porquería que hay a tu alrededor. No tienes que hacer nada más que comer, respirar y excretar mientras que te relajas sobre la hierba que hay debajo de la deposición.

Mira alrededor del lugar donde te encuentras ahora mismo. ¿Por qué prefieres estar ahí, viviendo como un insecto, debajo de esa deposición de perro? ¿Qué es lo que te hace sentir bien en tu medio actual? ¿Superficies limpias? ¿Aire fresco? ¿Potenciales parejas sexuales y amigos que tienen la misma forma que tú?

Tu deseo por poseer esas cualidades específicas –y más– hace que te veas a ti mismo como un ser humano. En sueños tal vez hayas experimentado lo que se siente al aparecer como algo no humano.

Ya sea como un feliz ser humano en tu casa o como un insecto de estiércol en tus sueños, ¿estás ya dispuesto a ofrecer amor? ¿O acaso esperas el momento en que tu vida sea más satisfactoria para amar?

Cuando tu vida te parezca mala, siempre tienes elección: puedes esperar y no ofrecer tu amor, o puedes entregar tu regalo de amor ahora mismo.

No importa dónde te encuentres, en el paraíso o en el infierno, siempre puedes adquirir ese compromiso: aparezco aquí para ofrecer amor a todos los que también están aquí, y lo haré lo mejor que pueda.

Ésta puede ser tu promesa: me ofrezco a mí mismo para ser *vivido por el amor*, como un regalo por el bien de los demás.

No importa dónde te encuentres, puedes estar tan vivo como la ofrenda del amor. El amor es una fuerza mucho mayor que tú. El amor vive *a través* de ti.

Cuando el amor no puede encontrar una manera de vivir a través de ti, entonces tu psique lo sufre y puedes ser atormentado por una depresión.

Incluso mientras estás deprimido, el amor irrumpe, aunque sea en pequeñas dosis, a través de tu sentido de la futilidad: en la risa de tu hijo, en el olor del café o en la luz del amanecer. El amor irrumpe a través de tu desesperación, y durante un breve instante agradeces estar vivo.

Practica ese agradecimiento, incluso aunque quieras morir. Ofrécete para ser vivido por el amor, especialmente cuando tu vida parezca mala.

La iluminación instantánea es la capacidad de abrirse y de ser vivido por el amor que ya está, milagrosamente, viviendo en tu vida, a pesar de tu tormento y rechazo. La iluminación instantánea consiste en ofrecer amor en este instante —sin importar las circunstancias— sin esperar a que las cosas vayan mejor.

Las cosas irán mejor, pero también peor. Puedes contar con eso, así que, ¿por qué no te abres ahora y dejas ser vivido, como una ofrenda, por el amor?

Deja que el amor te respire, con cada inspiración y cada espiración. Permite que el amor mueva tu cuerpo y tu alma. Incuso si has nacido como un insecto que vive debajo de una deposición, deja que tu vida entera sea animada por la fuerza del amor, y serás tan libre como te sea posible.

7 ODIO

Odia a todo aquel que veas a lo largo del día de hoy. Odia a los extraños, a la familia y a los amigos. Mira a cada persona y genera sentimientos de odio.

No flojees. Si no todavía no odias, entonces trabaja en ello. Odia a la mujer que está en el vehículo frente al tuyo. Odia al hombre con quien hablaste por última vez por teléfono. Odia intensamente a la próxima persona que veas.

Mientras odias, imagínate a ti mismo muriendo y odiando. Odia y siente como si estuvieses muriendo. ¿Acaso no preferirías morir de una forma distinta que no fuera odiando?

¿Cómo preferirías morir?

Vive la respuesta a esta pregunta –ofrece el sentimiento con el que deseas morir– a partir de este momento.

Si te das cuenta de que flojeas, entonces, una vez más, practica el odio con cada persona que te encuentres. Ódialo u ódiala de verdad, tanto como puedas, y siente si odiando es como deseas morir.

Relájate y ábrete para ser vivido por la fuerza del amor. Si te parece difícil, entonces odia durante sólo un instante para que te ayude a comprometerte con cuán *amoroso* quieres ser cuando mueras, cosa que podría ocurrir ahora mismo.

8 ELOGIO

Imagínate que elogias a la próxima persona que veas. Elógialo, a él o a ella, sin avergonzarte de hacer elogios. ¿Qué elogio harías? Imagínate a alguien que conozcas –sea quien sea– y siente cuál es el elogio más magnánimo que podrías ofrecerle.

Mientras elogias, recuerda a tu madre y a tu padre. Imagínate que ahora mismo estás elogiando. ¿Cómo te sientes?

Probablemente hayas elegido una profesión y buscado una pareja como reacción al elogio que tus padres nunca te hicieron. Tómate el tiempo de recordar lo que no recibiste de tu madre y de tu padre y observa qué buscas a través de tu profesión y de tu relación íntima.

¿Qué es lo que deseas que tus padres te hubiesen dicho con más frecuencia? Siente de verdad tu infancia. Siente, como de niño, lo que tus padres te dijeron y no te dijeron. ¿Qué deseas que tus padres te hubiesen dado? ¿Qué deseas que tus padres te hubiesen dicho?

En silencio, haz el elogio que tus padres no te hicieron con la frecuencia que hubieras deseado, pero que te hubiera gustado, a la próxima persona que veas. Haz este elogio silenciosamente a todos los que veas durante los próximos tres días. En tu imaginación, ahora mismo, elogia en silencio a tus padres. ¿Cómo sientes el hecho de ofrecer el elogio que nunca recibiste, pero que siempre deseaste?

Contenerte de hacer elogios limita todo el amor que estás dispuesto a dar —a través del discurso, del sexo, y del tacto. También retiene el amor que podrías ofrecer mediante el trabajo de tu vida.

Haz el elogio que desearías que tus padres te hubiesen hecho con más frecuencia. Elogia silenciosamente a todo el mundo; en voz alta a tu amante, sin que te importe si se lo merecen o no. Descubre lo que ocurre cuando lo haces. Revela a todo el mundo, como si se tratase de un presente, la ofrenda que tienes que ofrecer y para la cual naciste.

9 MASTURBARSE

Ahora mismo, mientras lees estas palabras, piensa en qué te asustaría encontrar bajo el encabezado «Masturbarse». Rápido, ahora mismo, ¿qué es lo que más te asustaría encontrar? (Piensa en ello antes de pasar al siguiente párrafo.)

«Masturbarse» es el título de este capítulo. Una vez que puedas sentir lo que te asustaba leer, imagínate haciéndolo. Imagínate haciendo lo que te asustaba leer bajo el encabezado «Masturbarse», de forma que tu cuerpo se relaje y tu corazón se abra para que puedas ofrecer tu amor a los demás con mayor plenitud.

Imagínate que toda la gente del mundo te está mirando y date placer para ellos –para que sus corazones se abran.

Tu vida es más pequeña de lo que tienes conocimiento que podría ser. ¿Por qué? Parte de la razón es tu miedo al placer desvergonzado. Este miedo reduce el flujo vital del que puedes disfrutar incluso a solas.

Si quieres placer no hay excusas, y no le puedes echar la culpa a nadie más. O no pones límite al placer que dejas fluir a través de tu cuerpo, o, de lo contrario, estarás albergando miedo. El placer es energía y ésta es el movimiento del amor. ¿Es el amor libre para desplazarse a través de cada parte de tu cuerpo mientras te masturbas?

Si ni siquiera te molestaste en sentir lo que más te asustaba leer bajo el título «Masturbarse», entonces probablemente estás vacilando o dudando demasiado como para lograr algo importante en tu vida. Sentirás que falta amor verdadero o inspiración, o que simplemente no tienes energía suficiente.

Imagínate masturbándote con un éxtasis divino. Abre tu corazón y ofrece tu cuerpo a la fuerza del amor, que explota como una sedosa electricidad a través de tu carne trémula y vibrante, sin importarte el miedo, la vergüenza o la pereza.

Si no puedes, o no quieres, entonces estás ofreciendo tu cuerpo como una fuente de energía del amor. Para ofrecerte plenamente, relaja tu cuerpo entero como el placer del amor, e imagínate irradiando felicidad a todo el mundo.

Primero, ábrete a ti mismo al flujo del amor, sin que te importe el miedo. Entonces serás capaz de abrir a los demás hacia el placer radiante del amor.

10 INSULTAR

¿Cuál es el peor insulto que conoces? Menciona, en voz alta y cuando estés solo, cualquier palabra que te parezca la más obscena.

Repítela varias veces. Entonces di: «Te quiero», mientras imaginas que te encuentras con alguien a quien quieres. Di «Te quiero» varias veces, al mismo tiempo que lo sientes de verdad.

Alterna entre tu peor insulto y «Te quiero», hasta que puedas decir el insulto con tanto amor, con tanta apertura de corazón y con tanta bendición como con «Te quiero».

Entonces, con un amigo o un amante de confianza, alterna entre el insulto elegido y «Te quiero» en voz alta, hasta que él o ella sienta tu amor por igual a través de ambas expresiones.

Elige otro insulto y repite el proceso. Insulto, te quiero, insulto, te quiero… hasta que la sentida ofrenda de tu amor permanezca por igual en ambas expresiones.

Tras convertir los insultos en portadores de tu amor, pronuncia *cada* palabra, desde este preciso instante hasta que te mueras, de una manera que cualquiera que te oiga la sienta como «Te quiero».

Cuando adviertas que hablas sin amor, vuelve a hacer este ejercicio, comenzando con la palabra más obscena, hasta que puedas decir todas las palabras, una vez más, como si fueran portadoras de amor. Esto puede llevarte minutos, o décadas, de práctica.

11 PELEA

Imagínate que tienes un amante en el cual confías. Míralo, a él o a ella, a los ojos, hasta que sintáis plenamente el amor del uno y del otro, como si vuestros corazones estuviesen por completo conectados. Con la mano *derecha*, acaricia sensualmente a tu amante, al mismo tiempo que éste te acaricia a ti. Cuando sientas que se reduce el amor de tu amante –tal vez él o ella se haya distraído o esté absorto en sí mismo–, levanta tu mano izquierda como señal.

Cuando adviertas que disminuye el amor en la mirada desde el corazón de tu amante, levanta la mano izquierda. Como respuesta a esta señal, cesad, tú y tu amante, el contacto físico hasta que se restablezca, a través de vuestra mirada mutua, una conexión amorosa completa. Entonces, cuando un amor no reducido, de nuevo sea sentido por ambos, baja la mano y continúa con las caricias.

Por supuesto, tal vez tu amante también levante su mano cuando sintáis que se reduce la conexión amorosa que hay entre vosotros. Ambos os mantenéis fieles a vuestro acuerdo de *dejar de acariciaros y cesar el contacto físico* hasta que el amor se vuelva a sentir por completo a través de vuestra profunda mirada desde el corazón. Sólo entonces podéis volver a tocaros.

Cuando seáis habilidosos a la hora de acariciaros sensualmente el uno al otro, manteniendo una mirada de amor, y sintiendo vuestros corazones conectados, entonces estaréis listos para el siguiente paso.

Empieza añadiendo insultos. Si esto provoca que disminuya la conexión amorosa que sentías, entonces tu mano o la de tu amante debería levantarse, y podríais dejar de hablar y tocaros. Cuando el amor se restablezca –cuando ambos podáis sentir vuestros corazones conectados y vuestra mirada se introduzca profundamente en las almas abiertas del uno y del otro–, entonces continuad tocándoos y hablando obscenamente.

Practicad hasta que podáis decir cualquier cosa, incluso insultaros el uno al otro, y seguir manteniendo una conexión desde el corazón y un humor profundos.

Cuando sea posible, id un paso más allá –pelearos. Tal vez podáis comenzar por pellizcaros el uno al otro, haciéndoos cosquillas o forcejeando. Mantened una profunda mirada desde el corazón incluso mientras os peleáis. Cada uno puede alzar la mano cada vez que sintáis que el amor disminuye, con lo que cesa toda acción y dejáis el contacto físico.

Reanudad la pelea cuando, al miraros el alma, ambos podáis creer que sentís.

En la vida real, puedes levantar la mano izquierda con tu amante en cualquier momento para indicar que es hora de conectaros más profundamente, incluso en medio de discusiones acaloradas o cuando uno de vosotros se sienta verdaderamente herido. Así, puedes aprender a restablecer de inmediato una profunda conexión corazón a corazón con tu amante simplemente a través de la mirada, abriéndoos, y sintiendo el amor del uno y del otro.

Empieza jugando con caricias sensuales, insultos y peleando, mientras respondes alzando tu mano y mirando a tu amante a los ojos al sentir una desconexión entre vuestros corazones. A través de este proceso, aprenderás a volver a conectar con tu amante, incluso durante un súbito altercado –de aquellos que normalmente para resolverlos se precisa horas o incluso días.

El logro del amor instantáneo puede realmente ser así de rápido, profundo y sexy, si estás dispuesto a sentir más allá de tus resistencias emocionales, así como de las de tu amante, y para permitir a vuestros corazones en retroceso que se conecten entre sí y se relajen juntos con confianza.

12 CODICIAR

Piensa en algo que codicies. Un nuevo par de zapatos. El Mercedes-Benz de tu amigo. Un amante perfecto. Cinco millones de dólares. ¿Qué es lo que acude primero a tu mente, algo que de verdad quieres, pero no tienes?

Ahora, imagina que sí lo tienes. ¿Cómo actuarías ahora mismo? ¿Cómo te sentirías ahora mismo?

Actúa y siéntete como si en estos momentos tuvieses lo que codicias. Respira, muévete, pestañea y pon la cara que tendrías si lo tuvieses. Actúa de esta manera durante un par de minutos, sintiendo que tienes en abundancia aquello que tanto codicias.

¿Es mejor actuar y sentir de esta forma que como actuabas y sentías antes de imaginar la abundancia?

Si la respuesta es sí, entonces continúa actuando y sintiendo de esta manera. ¿Por qué no permitirte sentir la abundancia? ¿Por qué esperar una excusa externa?

Si la respuesta es que sentirte de esta manera no es mejor, entonces ignora tu codicia, porque conseguir lo que quieres no te hará sentir o actuar mejor que ahora.

Ésta es una manera fácil de decirlo:

1. actúa como te sentirías si tuvieses todo lo que quisieras; o

2. ignora tus deseos porque en ningún caso conducen a la felicidad.

De cualquier manera, eres libre.

13 MATAR

Finge que vas a matar a la próxima persona que veas. Siéntelo en tu cuerpo, en tus emociones y en tus pensamientos. Imagínate que realmente vas a matar a esa persona. ¿Cómo te sientes por dentro?

Ahora, imagina que vas a tener sexo con la próxima persona que veas, hombre o mujer. De nuevo, ¿cómo te sientes por dentro?

Un último ejercicio. Finge que vas a salvar la vida a la próxima persona que veas. Pero al hacer esto, perderás tu propia vida. Imagina que vas a morir, mientras le salvas la vida a esa persona. ¿Cómo te sientes por dentro?

¿Qué acción imaginada —matar, tener sexo o salvar mientras mueres— se siente más como una liberación, como libertad y como un amor ilimitado?

¿Por qué guardarías cualquier cosa intencionadamente en tu mente, excepto aquello que abre más tu corazón y tu alma, de tal manera que otros pudieran beneficiarse de tu apertura?

De ahora en adelante, la elección es tuya. Cuando imagines algo que te haga sentir menos abierto, simplemente imagina lo que más te abra.

Éste es el primer paso, reemplazar las costumbres de cierre por costumbres de apertura. El próximo paso estar libre, como la conciencia en el espacio, manteniendo la apertura sin soporte, *siendo* apertura sin esfuerzo ni intención.

Después de que intencionadamente imagines lo que más te abra —tal vez salvarle la vida a tu mejor amigo—, permítele a esa imagen o sentimiento que se disuelva en la apertura, como una voluta disolviéndose en el agua. Deja de lado todo esfuerzo de imaginar lo que sea, sin adulterar el agua abierta del amor.

En otro momento, puedes pensar otra vez en algo —tal vez en una persona que te disgusta— que te cierra, incluso aunque sólo sea un poco. ¿Qué puedes hacer?

Primero, visualiza o siente intencionadamente lo que más abra tu corazón, suavice tu vientre y relaje tu mente —por ejemplo, hacer con pasión el amor con un amante iluminado, como si vuestros cuerpos fuesen emanaciones de luz llena de dicha.

Entonces, permite que esta visualización se disuelva en un sentimiento no artificial, como agua en volutas abriéndose en un océano de apertura del amor, vivo como el brillante espacio del ahora.

Reemplaza formas mentales no amorosas por formas mentales amorosas. Entonces, permíteles que se relajen y se abran como el claro chorro de luz del amor. Repite este proceso de dos pasos en cualquier momento en el que te des cuenta de que te estás cerrando, de manera que la apertura prevalezca en cada instante que recuerdes de forma natural. Ésta es la práctica de la apertura-amor instantánea, sin importar qué otras cosas estés haciendo en tu vida.

14 PEZONES

Pellízcate los pezones hasta que casi te duelan, pero que siga permaneciendo un cosquilleo de placer. Puedes hacerlo o simplemente imaginarlo, o pedirle al amante en el cual confías que te pellizque tan fuerte que estén a punto de dolerte, pero que sigas sintiendo placer.

Repítelo hasta que simplemente puedas *recordar* la sensación de un placer casi doloroso en tus pezones cuando lo desees.

La próxima vez que te sientas molesto por lo que sea, recuerda esta sensación de un placer casi doloroso en tus pezones.

Ofrece esta sensación a tus ancestros, en agradecimiento por el sufrimiento que experimentaron para que pudieses nacer y que tus pezones fuesen pellizcados hasta alcanzar el placer. Es una ofrenda pequeña en comparación con lo que tuvieron que soportar para que puedas vivir ahora. Es probablemente una gratitud más sentida a nivel corporal que la que por lo general ofreces en cualquier momento al azar.

Ofrece esta sensación en tus pezones a todos los que te hayan herido de una forma u otra, en agradecimiento por la oportunidad de aprender a proporcionar el placer que sienten tus pezones en vez del dolor que hay en tu memoria.

Imagínate que eres un gran ser espiritual, tal vez Jesús de Nazaret, el Buda de la India, Yeshe Tsogyel del Tíbel, o la Madre Teresa de Albania. Imagínate también que tu cuerpo entero es tan sensible como tus pezones.

Imagínate que eres el hombre o la mujer santos que has elegido. Permite que tu cuerpo irradie un placer cercano al dolor –un placer tan intenso que es casi excesivo para soportarlo. Imagínate que irradias ese placer hacia todos los demás seres.

¿Qué expresión tienes en la cara cuando tu cuerpo-pezón entero ofrece el insoportable placer-dolor de ser?

¿Por qué has elegido no mostrar esta expresión más a menudo mientras ofreces amor tan abiertamente que duele?

Los grandes seres espirituales aman tanto que duele. Tú también puedes hacerlo. Empieza con tus pezones.

15 OCUPAR

Finge que estás ocupando el cuerpo de otra persona. Elige a una persona cercana a ti –tu amigo que está a tu lado en el sofá, o al extraño enfrente de ti mientras espera en la caja de la tienda de comestibles– y habita su cuerpo.

Muestra la expresión facial de esa persona, la posición de su mandíbula y las arrugas de su frente. Muestra los gestos de sus manos, la elasticidad de su pecho, o el peso de sus pechos. Adopta la angulosidad de su cuello y la posición de sus pies.

En detalle, siente cómo sería vivir *como* ese cuerpo, con los mismos genitales, la misma acumulación de tensiones, la misma carne grabada por la traición y el arrepentimiento. Respira como ese cuerpo. Intuitivamente, siente sus dolores y cosquilleos.

Mientras llevas el cuerpo de esa otra persona, relájalo. Del mismo modo que te pondrías tu viejo abrigo favorito y te relajarías dentro de él, ponte el cuerpo de esa persona y relájate. Permítete abrirte y sentir lo que imaginas que esa persona está sintiendo por dentro —oscuridad o resplandor, tristeza o regocijo— y relájate con estos sentimientos.

A continuación, relájate y ábrete mientras ocupas el cuerpo de tanta gente como puedas, sintiendo su postura, su forma de caminar, sus sensaciones y humores. A la larga, siente las flores y las montañas e incluso las sillas: ocupa su figura, relájate como si tuvieras sus formas, y ábrete como la ofrenda del amor, tal y como ellos hacen. ¿Cómo te sentirías siendo un teléfono, o tu cartero y abriéndote como la ofrenda del amor, como *teniendo* esa forma?

La verdad es que *eres* todo lo que aparece en tu experiencia. En lo más profundo del sentimiento-apertura, no existe el «otro», no hay ninguna separación de nada o nadie, aunque sus formas *parezcan* separadas y distintas.

El miedo se retira para que puedas sentirte como si estuvieses dentro de algo separado del espacio abierto. Si no añades el miedo, entonces ocupas de manera bastante natural a todos y a todo el mundo visible de la misma forma que sientes tu cuerpo, sintiéndolo todo sin límites ni fronteras.

Sin contenerte, ocupa el ánimo y la forma de todo el mundo. Siente toda la generosidad y todo el horror. Respirando y sintiendo y siendo todo, relájate y ábrete como siendo todo. Sé sentimiento-apertura, con o sin forma. Esto es la iluminación instantánea y su práctica.

16 DENTRO

Ve dentro de ti mismo, tan hondo como puedas. Siente hacia dentro, más y más profundamente. ¿Existe algún fin a la profundidad a la que puedes sentir? Si no es así, sigue sintiendo hacia dentro hasta que estés seguro de que tu interior nunca acaba.

Todo lo que hay dentro es una apertura más y más profunda.

Ahora, siente hacia el exterior tan lejos como puedas. Escucha los sonidos más lejanos que puedas oír, y luego escucha más lejos, hasta la apertura que hay más allá del sonido más lejano.

Observa la luz más lejana y luego mira más allá de ella, hacia la interminable apertura.

Como si todo lo circundante fuera fantasmas, y con escalofríos hormigueando por tu piel y abriéndola hacia el aire, siente infinitamente hacia el exterior con tu cuerpo entero, tan lejos como puedas: el sentimiento se mueve abierto, interminable.

Ahora, simultáneamente, siente la apertura que se mueve de manera interminable tanto hacia dentro como hacia fuera. Siente de verdad y descubrirás que la acción de sentir nunca se acaba en ninguna dirección. El más básico sentido del ser, de la existencia, constituye la apertura de sentir hacia todas las direcciones. El ser es sentirse completamente abierto.

Tan pronto como tu sentimiento carezca de aquel movimiento interminable, siente (un árbol o un pensamiento) incluso más allá de eso. No es que tengas que dejar de sentir lo que quieras (aún puedes sentir el árbol o el pensamiento), pero también debes sentir la apertura que va más allá de cualquier cosa. Siente más lejos de lo que jamás hayas sentido, a muchísimos kilómetros hacia el interior y también hacia el exterior, de manera interminable, completamente abierto.

Esto es quien eres, esta apertura completa, sin sentir límite alguno.

Sé apertura y siente de manera interminable, mientras que tienes relaciones sexuales o durante una conversación, y tu amante y amigos comenzarán también a sentirse como una apertura infinita.

¿Conoces una forma mejor de vivir la vida? La elección es tuya.

17 MANDÍBULA

Haz rechinar los dientes. Encorva los hombros. Respira superficialmente. Aprieta el abdomen.

Ahora, imagínate hacer el amor con tu amante ideal.

Como haciendo el amor, permítele a tu cuerpo que se abra como lo haría con tu amante, con total confianza, opulencia y comunión apasionada. Permítele a tu cuerpo que se relaje y se abra completamente, como en el abrazo sexual más sagrado y profundo.

Agárrate a ese sentimiento de comunión, confianza, y placer, mientras que una vez más haces rechinar los dientes a la vez que tensas tus hombros, tu respiración y tu vientre.

En otras palabras, siente como si estuvieses haciendo el amor más hermoso jamás imaginable, incluso mientras que tu cuerpo se estruja para cerrarse. Primero será difícil, porque el hecho de ejercer presión con tu cuerpo te hace sentir mal por dentro. Pero después de intentarlo varias veces, serás capaz de imaginarte haciendo el amor en los brazos de tu amado, incluso mientras que tu cuerpo está ejerciendo presión.

Ahora mismo, la mayoría de la gente del mundo está, en cierto sentido, ejerciendo presión –exactamente como estás haciendo tú con este ejercicio. Pero poca gente está amando como si estuviese teniendo el mejor sexo que jamás haya tenido. La mayoría de la gente está tensa, sufriendo, cerrándose y sintiendo falta de amor.

La próxima vez que estés con alguien que parezca que está tenso y sufriendo, adopta (u «ocupa») *su* tensión como *tu* cuerpo, pero *también* siente como si estuvieses haciendo el amor.

Tal vez puedas incluso adoptar la tensión de toda una habitación llena de gente, y, simultáneamente, sentir como si tu corazón estuviese completamente abierto, en una brillante comunión con tu amante ideal.

Con el tiempo, no tendrás que representar físicamente la tensión de otros en tu cuerpo, sólo tendrás que sentir su sufrimiento real. Permite que tu cuerpo se relaje y se abra mientras sientes su sufrimiento, y que tu corazón brille como si estuviera haciendo el amor espléndidamente con tu amante.

Como ejercicio, entonces, respira el sufrimiento de los demás. Respira su malestar y ansiedad, y deja que su sufrimiento se disuelva en el brillo del amor de tu corazón abierto. A veces resulta de ayuda moldear temporalmente tu cuerpo con la forma de su tensión. Lleva su forma enroscada y luego relájate con la apertura fácil del amor.

Mientras respiras y sientes el sufrimiento de los demás, podrías advertir que tus dientes están rechinando o tu vientre se está contrayendo. Recuerda instantáneamente la sensación de hacer el amor, y permítele a la memoria de tu corazón que relaje tu cuerpo, al mismo tiempo que irradia apertura hacia los demás.

La iluminación consiste en sentir tu propia tensión, así como la miseria de los demás, mientras sigues deseando y siendo capaz de ofrecer el amor más profundo que puedas dar –como si el mundo entero fuese tu amante sufriente.

18 DINERO

Imagínate que vas a un lugar público con un grupo de amigos. Elige los amigos con los cuales te sientes más seguro.

Con este grupo de amigos, imagínate que localizas a un extraño que parezca digno de confianza y que te resulte sexy.

Imagínate que le das un dólar a este extraño sexy. Míralo a él o a ella a los ojos y di: «Estoy haciendo esto como parte de un ejercicio que me han encargado. Se supone que debo dar un dólar a alguien muy sexy. Después, no debo seguir teniendo contacto contigo».

Mientras te imaginas que estás haciendo este ejercicio, ¿cómo sientes el hecho de dar un dólar a alguien y decirle que él o ella es sexy?

La mayoría de nosotros tiene una visión complicada tanto sobre el sexo como sobre el dinero. Éstas son maneras de intercambiar energía, lo que puede resultar tan simple como un regalo inesperado, o tan complicado como un pleito.

Sexo y dinero: las fuentes de la mayoría de nuestro deseo y nuestra decepción, de nuestra esperanza y nuestro miedo.

La iluminación significa vivir cada momento de manera que no quede residuo alguno, sino la apertura del amor.

El sexo y el dinero son a menudo nuestros dominios menos iluminados, las áreas contaminadas por una mayor cantidad de residuos. Por tanto, poca gente puede imaginar hacer este ejercicio sin una «carga» de complicación emocional que no se desvanece.

A menudo, la mejor manera de descubrir el uso iluminado del sexo y del dinero es romper las reglas generales de las formas menos arriesgadas, para descubrir dónde residen las obstrucciones sexuales y los bloqueos financieros en tu interior.

Repite este ejercicio o realiza otros que requieran que te imagines cómo ofreces regalos que van más allá de tu zona de comodidad. Al mismo tiempo que aprendes a dar con amor a pesar de tus miedos, tus vidas sexual y financiera pueden ser vividas de acuerdo con lo que realmente sirve más a la apertura, más que ser inhibidas por tu miedo-mugre residual, que retiene tu ofrenda.

Puedes incluso quedarte bloqueado en tus propias historias de sexo y dinero. Lo que no puedes vivir como apertura, y que ofreces sin residuos, crea viscosidad en tu vida. Sin embargo, el precio de descubrir tus asuntos inacabados, tus traumas y tus miedos sexuales y financieros puede exceder lo que estás dispuesto a apostar.

¿Acaso no guardas ningún secreto sexual o financiero?

Estos secretos se hallan entre tus rechazos más ocultos a la hora de abrirte como amor.

¿Estás ahora dispuesto a enfrentarte, a sentir, a confesar y a abrirte más allá de todos tus miedos y complicaciones sexuales y financieros? El nacimiento humano es para aquellos que no están *realmente* listos, pero que pueden estar al borde –por eso estás aquí.

Si tu problema fuese desovar en la grava, entonces habrías nacido pez.

19 DESESPERACIÓN

La vida a menudo resulta dolorosa. Tus hijos pueden hacerse daño o enfermar o morir. Puedes sufrir pérdidas financieras o una bancarrota. Los ejércitos del mundo a menudo matan a hombres y a mujeres inocentes, y los terroristas pueden atacar en cualquier momento, separando, con un simple estallido, tanto miembros como vidas.

Mientras estás dando el pecho, tomando el té o jugando al golf, tu corazón podría dejar de latir por razones genéticamente predeterminadas.

Experimentamos momentos de gran comodidad y paz, pero a medida que envejecemos, nuestros cuerpos desarrollan dolores, perdemos a nuestros amigos y a nuestras familias, y nuestra desesperación puede aumentar con bastante facilidad.

Siente tu desesperación, sin que te importe cuán ligera o devastadora pueda ser. Muy probablemente puedes encontrar en tu interior el lugar que se está desesperando a causa de alguna pérdida, de alguna sensación de soledad o de inutilidad.

Mientras sientes esta desesperación, advierte que todo sigue ocurriendo.

Tu corazón sigue latiendo si estás vivo.

Los colores y las formas de la luz continúan brillando; tu entorno sigue apareciendo.

Tus pensamientos siguen presentes mientras lees estas palabras.

Están ocurriendo cosas, tanto en el interior como en el exterior. Tal vez también esté teniendo lugar la desesperación.

Junto con todo lo demás, tú estás *ocurriendo*. Todo lo que llamas *tú* –tu sentido del yo, tus percepciones, tus emociones y pensamientos, tus recuerdos– está *ocurriendo*.

Si sientes desesperación, siéntela *mientras ocurre*. Su energía se mueve y se advierte de cierta manera conocida por algunos como *desesperación*. Siente esta energía completamente.

Relájate con ella. En vez de apartarte a causa de su incomodidad, relájate en la desesperación, dispuesto a sentir su dolor.

Explora la desesperación de manera tierna, como si estuvieses examinando las partes más sensibles de un amante que ha sido traumatizado recientemente.

Date cuenta de si resistes cuando sientes desesperación. ¿Estás evitando la herida que se está creando, y que es de inutilidad, de sufrimiento, al mismo tiempo que adviertes el pesar solitario que se agita en tu vida cotidiana?

Relaja tu resistencia de manera que puedas sentir el trauma de la desesperación. En tus genitales, en tu vientre, en tu corazón y en tu garganta, siente en tu cuerpo al completo y cómo la desesperación lo ha despedazado.

¿Dónde está la experiencia de tu cuerpo cuyo corazón ha sufrido daño?

¿Dónde estás *tú*?

Mientras sientes el dolor de la desesperación, siente también su flotabilidad, y cómo tiembla en el espacio-sentimiento.

La desesperación –si la sientes completamente, sin resistencia– se abre graznando como una herida abierta en el espacio.

Así, *todo* lo que ocurre se experimenta en un espacio sentido.

Tristeza, traición y felicidad ocurren en el espacio-emocional. Cosquillas, calor y lo afilado tienen lugar en el espacio-tacto. Cláxones, pájaros gorjeantes y la risa acontecen en el espacio-auditivo. Tus pensamientos se desplazan en el espacio-mente. Cualquier sensación ocurre flotando en un espacio-sentimiento abierto y sin bordes.

Todo el espacio es consciente, o capaz de sentir, y está lleno de energía viviente: sonidos, pensamientos, colores y emociones.

La desesperación es compatible con la iluminación porque ésta es el espacio viviente del sentimiento-apertura. Tu experiencia, incluida la desesperación, se ondula como esa apertura.

El amor es otro nombre que recibe este sentimiento-apertura, que es quien eres, con lo que todo se ondula, incluida la desesperación.

La apertura es el amor que te está viviendo ahora mismo —aun cuando puedas estar pasándolo tremendamente mal.

La gratitud consiste en admitir que el sentimiento-apertura del amor te está viviendo.

Sé agradecido y serás libre.

Tal vez ya haya muerto, y esto sea el más allá. O quizás estés dormido y este mismo momento sea fruto de tus sueños.

En cualquier caso, eres apertura, así que, ¿por qué resistirte a cualquier sensación?

La desesperación y la gratitud ocupan el mismo lugar en el sentir, sin importar cuánto tiempo duren tu yo y tu mundo actuales –iluminar, abrir y flotar– en este espacio-sentimiento.

Arriesga para poder amar todo, incluida la desesperación, mediante el hecho de sentirla completamente, con gratitud. Descubre cuán abierto está el ahora. Ámalo todo tal y como es y serás libre para actuar con el valor del amor que se agita espontáneamente como la apertura infinita de todo suceso, donde también se encuentra la desesperación.

20 DORMIR

¿Adónde caes cuando te «quedas» dormido?

Cierra los ojos y cae allí ahora mismo. Literalmente, déjate ir y *cae* dentro, fingiendo que estás profundamente dormido. Siente ahora mismo ese lugar-sueño donde no hay nada más que una nada silenciosa y gozosa.

¿Estás sonriendo? Si no es así, cierra los ojos y cae en la paz oscura de ese lugar-sueño hasta que no puedas evitar sonreír de gozo.

Cuando logres sentir el lugar al cual caes cuando te quedas dormido, intenta esto: sueña.

Mientras sueñas, imagínate sentado en una tierra salvaje, mirando a dos elefantes comiendo hierba con sus trompas, mientras un mono grita desde los árboles: «¡Eh, amigo, estás soñando!».

La imaginación es una forma de soñar despierto.

Cuando hayas examinado tu ensoñación imaginativa, abre los ojos y mira el mundo a tu alrededor. ¿Es posible saber con certeza que esto no es también un sueño?

¿Alguna vez te has despertado de un sueño sólo para descubrir que sigues soñando? La mayoría de la gente lo ha experimentado.

Si esto, ahora mismo, fuese un sueño, ¿actuarías de forma distinta?

No importa si estás soñando o despierto, porque una cosa es segura: esto se acabará. Despertarás del sueño y éste se evaporará.

Tu vida tal y como la conoces se desvanece con la muerte; tu vida entera desaparece, como si tus confusiones, aventuras y romances nunca hubiesen ocurrido.

A medida que vas haciéndote mayor, comienzas a sentir la futilidad de tu vida, como si fuese un sueño que se apaga. Los ciclos rutinarios de días y noches pueden fácilmente desalentar tus grandes esperanzas de plenitud mientras te encaminas hacia la vejez y la muerte.

Si quieres relajarte en paz, al mismo tiempo que el sueño se apaga o que tu vida se acaba, entonces aprende a confiar en la apertura que queda.

Tú eres esta apertura que siente.

Más que esperar a la muerte, intenta relajarte como si fueras esa apertura.

Realiza este ejercicio en tres partes cuando consideres que estás listo:

1. Cierra los ojos, relájate y sonríe mientras empiezas a caer en el gozo de un sueño silencioso, oscuro y profundo.

2. Mientras continúas sintiendo esta nada gozosa, permite también que pensamientos y ensueños sobre elefantes (o sobre tu día de trabajo) se desplacen en tu mente, sintiendo su textura, sus sonidos y su luz, como si estuvieses soñando.

3. Entonces, al despertar, abre los ojos al mundo sin perder contacto con la nada del sueño o tu ensoñación interior.

Cuando practiques este ejercicio de caer en el espacio-gozo del sueño hasta que tus labios sonrían, mientras sientes que tus ensoñaciones sobre monos se enciende ante tu ojo de la mente y se abren al mismo tiempo tus ojos físicos para ver el mundo que tienes frente a tu cuerpo físico, tal vez te abras de repente más allá de los tres estados: despertar, soñar, y dormir.

Al practicar para sentir estos tres estados simultáneamente, podrías de repente darte cuenta de algo asombroso: nada dura. Nada es necesario. Nada fue nunca necesario.

Tu vida no necesita que le adviertas nada. Al morir, tu vida presente se desvanecerá, como un sueño que se apaga, con independencia de que haya sido advertida o no.

La apertura está siempre aquí, sujetando el lugar al que puedes caer para dormir o soñar o para que cuando te despiertes te des cuenta de tu trozo del mundo. Aprende a confiar en este espacio donde todo ocurre, sin importar lo que hagas o de lo que no te des cuenta.

Entonces, cuando no adviertas las cosas –como en el sueño, o al mismo tiempo que la muerte apaga tu vida–, la muerte sin objetos se sentirá como el hogar que siempre ha sido.

Todo objeto y toda cosa, incluido tu sentido del yo, desaparecerá de vez en cuando. Con independencia de que adviertas o no un yo, la apertura permanece.

Tu peor pesadilla –al estar despierto o soñando– pasará. La apertura permanece a pesar de que notes o no un sueño cuya presencia sigue viva.

Cuando leas esta frase, el ahora ya habrá pasado.

La apertura es eterna.

21 PUTA

Recuerda algún momento de tu infancia en el que hiciste algo malo.

Tal vez te pillaran robando dulces o con deseo sexual. Tal vez mentiste.

Vive el incidente como si estuviese ocurriendo ahora. Siente la travesura en tu cuerpo. Vive la culpabilidad de tu infancia y la excitación en tu vientre, en tu corazón y en tu cabeza.

Ahora, permite que ese recuerdo se disuelva o desaparezca, justo en el lugar donde esté ocurriendo.

Si apagas un proyector de diapositivas, queda una pantalla allí donde la imagen desaparece.

Cuando desaparece un pensamiento o un recuerdo, ¿qué es lo que queda?

Siente esta apertura en la que tus pensamientos y recuerdos aparecen y desaparecen. Cuando cualquier pensamiento o recuerdo específico se disuelve, ¿qué queda además de un sentimiento-apertura?

La iluminación instantánea consiste en ser apertura, sin importar lo que viene y se va.

Nos cerramos cuando nos resistimos a algo que no parece ser amor. Por consiguiente, siempre que nos resistamos, tendremos una oportunidad de abrir el no amor y convertirlo en amor.

Imagínate a alguien que no te guste nada. Ahora, piensa que tu propósito en la vida es ayudar a esa persona a que sea alguien lo más cariñoso posible. Y ahora aplica esto a todas las personas que conozcas, especialmente a aquellas que parecen tener tan poco amor.

En vez de cerrarnos a lo que parece tener poco amor, aprendemos a abrirnos a lo que, más bien, evitaríamos.

Nuestra verdadera misión, el auténtico propósito de nuestra vida, procede de nosotros de manera espontánea cuando nos abrimos como si fuéramos todo el mundo.

El amor está tan abierto como todo el mundo. Tú eres ese amor, ese sentimiento-apertura, al mostrarte como todos, incluidos aquellos que no te gustan.

De este modo, si te resistes particularmente a ser una persona traviesa –tal vez debido a un recuerdo de infancia–, en tonces puedes estar bastante seguro de que el propósito de tu vida supone expresar amor de formas más traviesas de lo que te resulta cómodo.

Tu regalo de amor más pleno puede estar oculto por tu miedo, congelado bajo una tendencia a ser travieso, acumulada de cuando eras niño. Pregúntale a tu amante si él o ella preferiría que ocasionalmente fueses *más travieso durante el acto sexual de una manera amorosa y sensible.* Tu amante quizás espere que seas más atrevido sexualmente. Puede incluso exigir tu amor embelesador, tu ferocidad salvaje, pero sensible, para rendirse, abrirse y amar con mayor plenitud.

Pero si tienes miedo a amar ferozmente, le estás negando esta oportunidad a tu amante.

El secreto para obsequiar al propósito más profundo de tu vida es abrirte paso a través de aquello a lo que más te resistes, para que la misión de tu amor pueda bendecir al mundo —dejando de estar atrapado por tu historial de recuerdos.

Cualquier momento del pasado se ha evaporado. Fíjate en lo que recuerdas y déjalo ir para poder vivir libre como el amor.

El propósito de tu vida es liberado por tu voluntad de ser amor, especialmente a través de las cualidades a las que más te resistes en los demás.

Considera cómo actuaron tus padres para que te hicieran sentir que nunca querrías ser de esa manera cuando fueras mayor.

Imaginemos que tu padre estaba asustado de ser vulnerable y siempre le decía a la gente la forma correcta de hacer las cosas. Decía sin ningún tipo de sensibilidad cuál era la manera correcta de vivir, sin importarle si la gente deseaba escucharle o no.

Ahora, de adulto, puedes recordar cuánto odiabas que hiciese eso. Te dices a ti mismo que nunca serás tan presuntuoso y recto como él. No serás un sabelotodo insensible, que siempre intentaba decir a la gente cómo debían vivir sus vidas.

En este caso, puedes estar bastante seguro de que naciste para enseñar a la gente cómo vivir sus vidas.

¿Por qué? Porque tu nacimiento te ha proporcionado los obstáculos necesarios que debes superar con el fin de ofrecer tu regalo más profundo.

En vez de luchar contra los obstáculos, aprendes a ser amor tomando la forma de éstos.

En este caso, podrías reunir a un par de amigos y decirles que vas a hacer un ejercicio. Entonces, procede a comentarles cómo deben vivir sus vidas, del mismo modo que lo hacía tu padre, usando el mismo tono de voz, los mismos gestos, el mismo vocabulario y las mismas expresiones faciales. Sé tu padre sabelotodo y expón rectamente la forma correcta de vivir, con una excepción: permanece conectado con tus interlocutores a través del amor.

Al hablar, moverte y actuar como tu padre rígido, recto y sabelotodo, siente también los corazones de tus interlocutores. Advierte si tu público se está abriendo o cerrando en respuesta a tus declaraciones. Date cuenta de si se agitan nerviosamente o si están relajados. Siente dentro de sus corazones y cuerpos con la misma apertura que le ofrecerías a tu amante mientras practicáis el sexo más vulnerable y sensible –y continúa exponiendo, interminablemente, la forma correcta de vivir.

En otras palabras, sé amor bajo la forma a la que más te has resistido: tu padre recto y sabelotodo. Tu presente más profundo –el verdadero trabajo de tu vida– está esperando a que tengas la capacidad de abrirte a través de los obstáculos que te gustaría evitar.

Lo que parece algo negativo –tus traviesas acciones sexuales de la infancia, o la actitud recta y sabelotodo de tu padre– es en realidad el vehículo que amorosamente necesitas para que se disuelva la obstrucción. Entonces, puedes regalar tu presente espontáneo.

«Nunca seré así» es una señal que indica dónde, bajo la evasión, está oculto tu amor más poderoso –la misión de tu vida.

Supón que ves a otra mujer vestida de vampiresa y piensas: «¡Qué puta! A mí nunca me pillarían vestida así».

El amor es apertura, no resistencia. Si quieres liberar tus presentes más profundos, intenta vestirte como una puta mientras te abres para ofrecer amor genuino.

De nuevo, puedes reunirte con algunos amigos cercanos. Vístete como una puta. Lleva exactamente aquello a lo cual más te resistes –tus amigos pueden disfrutar ayudándote a vestirte, con el maquillaje y con las joyas que evocan realmente tu resistencia que, por otro lado, te hace sentir náuseas.

Entonces, mientras actúas como una prostituta, mira a tus amigos a los ojos, sintiendo el interior de sus almas. Ofréceles amor –a través de bailes, abrazos, canciones o caricias–, la expresión más jugosa de tu corazón.

El amor puede ser colérico, dichoso, o ser una prostituta, porque el amor es la apertura que se muestra bajo la forma de todas las posibles emociones, pensamientos, personas, objetos y sucesos. Eres amor, y, por tanto, eres todo.

Si quieres ofrecer libremente el presente más profundo de tu corazón –el verdadero propósito de tu vida– entonces aprende a amar con los estilos a los cuales más te resistes. El amor que previamente se había suprimido después será liberado.

¿Cómo empezar? Como siempre, relájate.

En cualquier momento de estrés, cierra los ojos y relájate lo suficiente como para sentir el gozo de estar profundamente dormido. Éste es el primer paso fuera del hábito de eludir la expresión del amor a través de los estilos, de la gente y de las emociones a los cuales te resistes.

Continúa con el ejercicio. Cae en una nada profunda y gozosa, y permite a tus pensamientos y a tus ensueños que se sostengan en tu mente, sintiendo sus movimientos, texturas y luminosidades. Entonces, cuando te despiertes, abre los ojos al mundo sin perder el contacto con la nada del sueño o las divagaciones soñadoras de tu mente.

Cuando lo hayas conseguido –sentir ahora mismo el lugar donde estás durmiendo, soñando y despertando, todo al mismo tiempo–, entonces siente tu cuerpo físico tal y como es.

Tal vez estés sentado o de pie. Si estás sentado, tus piernas pueden estar cruzadas, tus pies pueden estar apoyados sobre un taburete o sobre el suelo. Tu mandíbula y tu vientre pueden estar relajados o tensos. Tu garganta puede estar tragando.

Tu respiración puede ser profunda o no. Tu cabello puede ser corto o caer por tu cara y hombros.

En todo caso, siéntete a ti mismo tal y como eres, ahora mismo, mientras lees estas líneas.

Con independencia de lo que pienses que eres, el «ahora» es un recuerdo –la ciencia moderna podría describir el tiempo que precisa tu sistema nervioso para rezumar y chispear como impulsos electroquímicos que viajan desde tus sentidos hasta tu cerebro.

Lo que se llama tu experiencia presente de ti mismo, en el ahora, no es más que la huella de un recuerdo del «yo» que ya ha ocurrido, similar a tu recuerdo de cuando te comportabas mal cuando eras un niño.

Todo lo que percibes «ahora mismo» está vivo y ardiendo como un mundo de sueños.

¿Cuál es tu experiencia *directa* de la imagen completa ahora mismo?

Cierra los ojos y ábrelos lentamente, en repetidas ocasiones, hasta que puedas sentir sin esfuerzo las imágenes del «mundo exterior» como una visión, un espectáculo electrónico, como una película proyectada en el aire.

¿Dónde está, exactamente, este aire?

¿Es ésta la misma apertura que queda cuando tus recuerdos e imágenes soñadas se evaporan?

Que des opiniones como tu padre sabelotodo, frunciendo el ceño al mirar a una mujer vestida como una prostituta, o abrazando a tus amigos y bailando con ellos mientras estás vestida de vampiresa, esta apertura sigue aquí, llena de sentimiento, sin importar lo que estés sintiendo.

Esta apertura siempre has sido tú. Intenta acordarte del tiempo que existió antes de que nacieras. Espera un momento y relájate; siente el pasado, tanto como puedas. Siente lo que había antes de tus recuerdos más tempranos, de niño pequeño o de bebé. ¿Acaso te golpeas contra un muro, o sientes que hay una pequeña apertura sin forma antes de tus recuerdos más tempranos?

¿Es ésta la nada gozosa en la que caes cuando te quedas profundamente dormido?

Descúbrelo.

Pensar en estas cosas no te ayudará. Siente de verdad la apertura que había antes de que nacieses. Siente ahora mismo el lugar en el cual puedes dormir profundamente.

Si caes, te abres, y te dejas ir completamente, tiene lugar un suspiro súbito: tú eres esta apertura. Tú puedes *ser* una apertura gozosa, pero no puedes *llegar* allí.

Así que, en vez de tratar de *mirarla*, relájate y ábrete *como* este fondo siempre presente de sentimiento-apertura. Ten cuidado de no *buscar* el gozo como un aspecto de tu yo verdadero. Quien eres realmente es una apertura de amor en la cual el gozo puede o no ser advertido.

En esta apertura, todas las cualidades pueden o no ser advertidas –el niño travieso, el padre pomposo, la vampiresa prostituta– bailando como las formas del amor antes de ser olvidadas. La apertura permanece.

Quien eres realmente es este sentimiento-apertura. Así que permite que cada experiencia suceda tan instantáneamente como sea posible.

Una y otra vez, permite que tus sensaciones actuales –picores, dolores, calor– se dirijan hacia donde sean advertidas.

Permite que la imagen de tu cuerpo –el contorno formado por tu piel, que te sientas gordo o flaco– se disuelva abiertamente.

¿Te sientes solitario, victorioso o venerado? Déjate ir para que cada cosa advertida –cada pensamiento– se disuelva por sí misma y se desvanezca en la apertura en la que se siente por primera vez.

Si repites este ejercicio continuamente, tus comportamientos emergerán como la acción desencadenada del amor. No te sentirás atrapado por un pasado o un futuro –incluso el presente está ocurriendo y yéndose en medio de ninguna parte, totalmente abierto y libre.

Este hecho de estar liberado del tiempo es amor.

Naciste para ofrecer este amor con el estilo que más te gustaría eludir. Cada momento con el que te enfrentas, cada persona que conoces te facilita una oportunidad para vivir como amor.

¿Es esto cierto? Realiza este experimento y descúbrelo.

Acuérdate de ver a una persona y de decirte a ti mismo: «Nunca seré así». El experimento consiste en practicar *ser amor* exactamente de esa forma –con el estilo que juraste que nunca usarías– una y otra vez, hasta que el pasado no siga escatimando la profundidad de la ofrenda espontánea del amor.

Formas parte de la evolución natural de la ofrenda del amor, incluida tu comunidad de seres queridos. Diles cómo vivir sus vidas tal y como tu padre exponía –pero sintiendo al mismo tiempo sus corazones. Ofréceles el deleite de tu estilo de prostituta del que presumes–, pero respira al mismo tiempo su pesar como si fuese el tuyo. Sé travieso –pero siempre como amor que se extiende tiernamente, sin apartarte hacia un mundo privado de culpa.

El amor desea venir a través de ti con los estilos que menos quieres expresar. De lo contrario, estarías viviendo de una forma completamente espontánea, obsequiando al mundo a través de tu verdadero propósito, sin inhibición o duda, y al mismo tiempo dejándote llevar como una apertura desencadenada.

Déjate llevar de manera que cada advertencia se disuelva sola y se desvanezca en la apertura en la que apareció por primera vez.

¿Dónde han ido todos los pensamientos que han sido advertidos?

Relájate como si fueras este lugar de apertura.

Del mismo modo que si fueras apertura, ofrece amor a la imagen en la que encuentres tu cuerpo y tu mente moviéndose con otros, especialmente con los estilos a los cuales te resistes.

Aguantarse duele.

Sufres porque hasta ahora has rehusado abrirte como cada uno de los estilos del amor. Eres amor y el amor lo es todo.

Date cuenta de aquel al que nunca te querías parecer. Ofrece amor con su estilo, al que tanto te resistes, y entonces

deja que tu recuerdo de aquel momento se disuelva abiertamente hacia el lugar adonde se dirige todo lo que se advierte.

Incluido este mismo momento.

22 PADRES

Imagina a tus padres teniendo relaciones sexuales. Las tuvieron.

Naciste porque tus padres tuvieron relaciones sexuales. Esto es obvio.

Pero considera esta posibilidad: naciste específicamente para aprender a ofrecer amor de la mismísima forma que heredaste de tus padres.

Imagínate a ti mismo, o a tu alma, si te parece mejor, flotando donde las almas moran antes de nacer con forma humana. Imagina que has elegido encarnarte en un cuerpo porque necesitas sentirte amado, sexualmente complacido, triunfador o seguro, justo como las fuerzas que movieron a tus padres a juntarse, a practicar el acto sexual, a crear tu forma corpórea y a ganar suficiente dinero para alimentarte.

Si necesitas experimentar o saber algo –si requieres tiempo para ganar algún sentido de realización–, entonces requieres un nacimiento que despliegue las lecciones que te darán la oportunidad de vivir libre como la apertura del amor. Eres la continuación de las lecciones que tus padres no aprendieron, a menos que seas total y absolutamente libre en este mismo instante.

¿Cuáles eran las peores cualidades de tu padre y de tu madre?

Imagínate las peores cualidades de tus padres practicando relaciones sexuales, tratando de fundirse las unas con las otras para liberarse de sí mismas.

Tal vez tu padre quería sentirse respetado y necesitaba liberar tensión, por lo que codiciaba eyacular en tu madre: de esa unión naciste tú.

Quizás el corazón de tu madre anhelaba tanto que tu padre lo viera y apreciara que le abrió su cuerpo, lleno de necesidad, frustración y esperanza: de esa unión naciste tú.

Con independencia de tu herencia, la misión que se te encomendó al nacer es amar. Por eso tu vida te dará la oportunidad de abrirte y amar mientras te enfrentas repetidamente a las peores cualidades de tus padres, tanto que tu corazón se puede quedar relajado, abierto tan ampliamente como el cielo.

Tu vida te ofrecerá muchas oportunidades de amar y enfrentarte al mismo tiempo con las cualidades negativas de tus padres.

Tal vez pelees emocionalmente con tu padre distante al enfrentarte al alejamiento de tu amante.

La infravaloración que sentías de niño puede estar apareciendo continuamente como adulto bajo la forma de colegas que subestiman tu trabajo, o del mundo que no reconoce tu arte.

Tal vez te enfrentes a las cualidades de tus padres, que residen en tu propio carácter, al haberse transmitido a través de tu linaje ancestral de relaciones sexuales.

Con independencia de tu herencia de necesidad personal, puedes comprometerte a hacer todo lo que puedas para abrirte, permitiéndole a la fuerza del amor que se desplace libremente por tu vida.

Obsequia espontáneamente al mundo y a tus seres queridos desde lo más profundo de tu corazón, ahora mismo, incluso mientras continúas enfrentándote a ti mismo y a los demás con los deseos incumplidos de tus padres.

Asume que tu vida fue una oportunidad para amar libremente a pesar de las peores cualidades de tus padres.

¿Cómo liberarte en tu ofrenda de amor?

Empieza amando a tus padres –y a sus peores cualidades–
con gratitud por crear tu cuerpo.

Ofrece el máximo amor a lo que más te moleste –de tus
padres, de ti, o de los demás.

Practica el hecho de ofrecer amor, tal y como eres. Puedes
estar enfadado, pero sigues pudiendo ofrecer amor bajo una
forma de enojo a un amante que esté usando sus rasgos he-
redados de engaño o placer centrado en sí mismo.

El amor puede plasmarse a través de la cólera –o cualquier
emoción– siempre que tu corazón siga conectado y abierto
al de tu amante.

Ahora es la ocasión de utilizar tu nacimiento específico
como una oportunidad para ofrecer amor sin que importe
tu herencia de heridas. Asume que aprender a amar –incluso cuando también sientas rabias, celos o miedo– es una de
las principales razones por las cuales estás aquí, en tu mundo específico de relaciones.

Puedes ser una libre ofrenda de amor, a pesar de tus defectos
genealógicos, tus hábitos de emoción y lo de los demás.

No debes cerrarte cuando sufras. Puedes sufrir y seguir
abierto, para permitir a tu dolor que otros puedan sentirlo

junto con tu amor, ofrecido a través de tu corazón desprotegido y desgarrado. Éste es tu regalo de amor, en tu daño emocional y dotes heredadas.

Tus padres te dieron una forma y un momento precisos; tu tarea es descubrir que lo que te dieron es suficiente para abrirte como amor, sin esperar nada a cambio. Puedes ofrecer amor ahora mismo y sin excusas.

La mayoría de la gente espera para ofrecer su amor. Sienten que algo ha faltado en sus vidas desde la infancia. Tienen la esperanza de recibir algo, no de darlo.

Todo el mundo tiene este mismo sentido de carencia. No es personal. Todo el mundo nació para amar a través de eso.

Esta sensación de «falta del amor» es sólo una prueba. ¿Vas a cerrarte y esperar, o vas a ofrecer tu corazón abierto incluso mientras sientes que falta algo?

Tus padres te han dado la oportunidad de tu vida.

Bendice a tus padres por proporcionarte una historia heredada que se perpetúa, ofreciéndote tiempo y frustración para que puedas aprender a ofrecer amor ahora, sin esperar.

Las peores cualidades de tus padres, que probablemente ejercieron un papel a la hora de unirlos sexualmente por el bien de tu nacimiento, son tu trampolín especial desde el cual ofrecer amor.

El alcohol puede haber despojado a tus padres de toda inhibición y ropa. Bendice al alcohol que te engendró para que pudieses amar a otros en sus momentos de dolor.

El resentimiento puede haber estimulado a tu madre a engañar a su novio, lo que dio lugar a tu nacimiento. Bendice al resentimiento, porque te ha creado como un medio a través del cual el amor puede extenderse por el mundo.

La pornografía puede haber excitado una pasión biológica, y nueve meses más tarde tu cuerpo emergía del de tu madre. Bendice a la pornografía por la inspiración que mezcló los fluidos procreadores para dar lugar a tu cuerpo, que lee estas palabras para que puedas servir a los demás.

Ahora puedes decidir ser movido por un sentimiento de falta heredado o puedes bendecir a todo y a todos y seguir adelante.

Libera la historia de tu vida.

Sea lo que sea lo que más te ha dolido, bendícelo por estimularte para que aprendieras la manera de ofrecer amor en medio del dolor.

Vive y muere libre de una causa pasada, y ama para siempre el futuro desconocido.

Esto es iluminación instantánea.

23 TRASERO

Ráscate el trasero. Adelante, si estás solo, ráscate las nalgas. Ya lo has hecho antes, probablemente muchas veces. Hazlo ahora sólo para que puedas recordar la sensación.

Ahora, imagina que eres una mariposa. Una mariposa puede ver y volar, pero no se puede rascar el trasero. Una mariposa nunca sabrá cómo se siente uno después de rascarse el trasero.

Di la palabra *vaca*.

Un gusano nunca tendrá la experiencia de decir esta palabra como tú acabas de hacer.

El hecho de que seas actualmente un ser humano significa que tu conjunto de experiencias está severamente circunscrito, como el de un gusano o una mariposa.

Al libertarte de esta visión sólo humana tu amor puede incluir a todos los seres vivos. La iluminación instantánea significa amar y estar abierto a *todo* y ahora.

Prueba un experimento. Finge que eres otra criatura y que estás familiarizado con otro mundo no humano.

Imagínate que eres una bacteria que vive en los intestinos de tu vecino. Llamemos a tu vecino Joe.

Joe experimenta su sofá tal y como tú experimentarías el revestimiento del intestino de Joe. Imagínate alimentarte de las membranas mucosas de Joe tal y como Joe podría estar acomodándose en una silla para tomarse algo.

Si Joe se toma un par de chupitos de tequila, está empapando a tu prole y a otros miembros inocentes de tu comunidad con alcohol nocivo. Siente cómo te ocurre esto de verdad, cómo tú y tus familiares estáis empapados con un líquido tóxico.

Puede que seas humano, pero hay muchos no humanos que sufren dolor y muerte sin que ni tan siquiera te des cuenta.

Los humanos no están ni en la cima ni en la base. Las modas son mayores que una vida humana individual. Imagina que eres una moda que se extiende a través de la cultura humana y que aparece en restaurantes, revistas, películas y programas de televisión.

Imagínate como una gran idea –como la noción del cristianismo o la creencia de que los antibióticos pueden erradicar ciertas enfermedades.

Te gustarías durante un tiempo antes de nacer como una idea clara, plenamente perfilada en una época específica de la historia, pero que se va modificando a lo largo de una vida que dura siglos. Finalmente, tu poder se debilitaría; cada nueva idea, cada descubrimiento o cada innovación te convierten en más impotente y menos fértil, no tan útil.

Tras viajar por muchos países y vivir durante muchos cientos de años, desaparecerías. Tu necrológica tal vez sería un párrafo en un libro de historia, ya que la siguiente generación de grandes ideas habría nacido y estaría atravesando el planeta, reemplazando tu reino.

Aunque siendo aún una idea viable, los humanos sustentan tu vida en ritmos vibrantes de escritura y discurso, golpeando y evolucionando como mitos o teorías científicas que se mantienen unidos durante un tiempo, muy parecidos al zumbido de los grillos que suben y bajan con crescendos dramáticos. Finalmente, estás pasado de moda y eres reemplazado, sin importar que seas la noción de una tierra plana o de un dios del fuego.

Y las ideas más nuevas siempre creen que son las verdaderas.

Tu vida humana real es mayor que la de una bacteria, más pequeña que la idea del cristianismo y más o menos la misma que la de otros humanos.

Por tanto, tu amor a menudo se limita a sentir la esfera humana de valores. Pasas de manera natural la mayor parte de tu tiempo en la historia de tú y otros humanos, sincronizada por la duración de tu vida.

Tu amor está menos involucrado en las necesidades de una comunidad de bacterias, o en el mal trago que debe de estar pasando el cristianismo ahora mismo al tener que enfrentarse al teleevangelismo comercial y a los escándalos sexuales.

Compartimos amor con aquellos que se parecen a nosotros. Sentimos su dolor. Intentamos hacer las paces con «nuestra propia» especie, una de cuyas características distintivas es que todos nos rascamos nuestros traseros, no como las mariposas o las ideas religiosas.

La iluminación instantánea consiste en amar y sentir todo, cada animal, cada planta, cada tormenta y cada idea. Incluso el espacio mismo. Ama el despliegue *entero* como una emanación espontánea de apertura y luz.

Actúa como un humano, pero ámalo y siéntelo todo.

No tenemos ningún problema en destruir el virus del sida, tal y como el virus no tiene ningún problema en destruirnos a nosotros; las historias de nuestras vidas están entrelazadas, aunque el virus no sepa de la bondad de tu moribundo padre y tú no conozcas el frenético sentido de multiplicación del virus.

El amor es la voluntad de sentir lo que sería existir como un virus, recolectando células humanas para poder multiplicarse y que tu prole pueda continuar y ser la siguiente generación.

Mata si debes hacerlo, pero hazlo amando, no temiendo. Permite que el amor guíe tus acciones en relación a todos los seres, algunos de los cuales cosechamos para comer o hacer nuestros zapatos, tal y como nosotros somos cosechados para su uso.

¿Qué ocurre si relajas toda preocupación sobre la reproducción y la autopreservación durante tan sólo un par de segundos y descubres lo que ocurre cuando *sólo* el amor por todos es capaz de moverte?

¿Cómo tratan los humanos a la Tierra y a todos sus habitantes si nos ayudamos los unos a los otros a sentir siempre la totalidad de la exposición luminosa del amor, tanto pequeña como grande?

¿Qué clase de comunicación tiene lugar si sólo dos personas viven juntas de esta forma?

Si una comunidad se relaja como esta confianza de amor, abierta sin saber qué es aparecer, ¿cómo se mostrará el amor en nuestras vidas entretejidas?

Como humano, tal vez aún te rascarías el trasero.

Sabes que un día sufrirás y morirás.

Así que, ¿qué hace el amor mientras sientes la recolección y sabes que estás indefenso ante el sacrificio?

Responde con tu vida.

Muere ofreciéndote por completo.

24 PEREZA

Sé tan perezoso como te sea posible. Comprométete con la pereza absoluta. No hagas nada que no tengas que hacer. Sólo quédate estirado en el suelo.

No respires, a menos que no puedas evitarlo. No parpadees, excepto que suceda por sí mismo. No pienses, a menos que los pensamientos aparezcan a pesar de tus mejores esfuerzos por no hacer nada.

Sé completamente perezoso, y luego haz lo que tengas que hacer como una ofrenda hacia los demás. Por ejemplo, si tienes que parpadear, siente el parpadeo como una obra de arte, ofrecido hacia el exterior por el bien del amor. Si otros te viesen parpadear, pensarían: «Vaya, *esto* sí que es un hermoso parpadeo».

Con el tiempo, necesitarás levantarte del suelo para orinar, o tal vez estarás tan perezoso que simplemente orinarás donde estés, estirado sobre un charco de tu propia orina. En cualquier caso, orina como si de arte se tratase, como haciendo una ofrenda, como el regalo del amor. Este ejemplo probablemente parece exagerado, pero todo lo que haces *es* regalo del amor, a menos que no estés dispuesto a ser vivido por la fuerza del amor.

No hagas nada, pero si es necesario, hazlo como si fuese el arte más plenamente ofrecido al amor. Esto es iluminación instantánea: no ocurre nada aparte del amor.

Vivir de cualquier otra manera es sufrir. ¿Te has dado cuenta de ello?

Estás participando activamente en una cadena interconectada de oposición, pelea y destrucción. Para que pudieras leer estas palabras, probablemente tuvieron que producirse chips de ordenador y plástico en países subdesarrollados de manos de hombres y mujeres a los cuales se les pagaban unos salarios que apenas daban para vivir en fábricas que liberan derivados tóxicos a nuestra atmósfera y mares.

Eres un eslabón en una cadena de sufrimiento que te permite el lujo de leer estas palabras. No es tu culpa, pero sí tu responsabilidad.

La libertad perfecta –una pereza sin adulterar– es una responsabilidad también perfecta. Más que el interés propio o el deseo personal, es el amor el que te mueve cuando estás demasiado perezoso como para moverte por ti mismo. El amor es responsabilidad.

A todos los seres les debes el hecho de comprometerte con la pereza. Sé tan perezoso que la elección desaparezca. Sólo queda una singularidad para moverte: el amor.

La única forma de romper la cadena de sufrimiento construida por interés propio es permitiendo que la singularidad que es el amor ejecute tus acciones, palabras y pensamientos.

No hagas nada, excepto lo que *tengas* que hacer, porque el amor hace lo que quiere con tu cuerpo y tu mente.

Esto puede necesitar criar a una familia y conseguir una profesión bien pagada, o quizás convertirse en monje en la India o en talador de árboles en las selvas amazónicas.

Descubre los medios del amor. No añadas nada personal. Si eres demasiado perezoso como para actuar en interés propio, ¿cómo te va a mover el amor? Esto es iluminación instantánea, aunque probablemente no lo creas.

Sigue intentándolo, hasta que estés cansado de intentarlo, y entonces ten confianza en el estallido del amor que se expande a través de tu cuerpo y mente. Comprométete con la pereza perfecta, y desiste de elegir, sin sumar nada a lo que el amor te *hace* hacer espontáneamente.

25 HACIA EL EXTERIOR

La experiencia humana típica es que la conciencia está *aquí dentro* y el espacio *allí fuera*.

Pero ésta no es tu experiencia actual. Debes sentir dónde se localiza la conciencia.

Tal vez tengas cierta idea en tu cabeza o tu corazón pero, ¿dónde está la conciencia que es consciente de esta idea?

La conciencia ahora mismo se extiende uniformemente a lo largo de toda la esfera abierta de la experiencia. El espacio es conciencia.

¿Qué ocurre cuando relajas la conciencia de manera que no está fijada sobre ningún pensamiento o cosa en particular? ¿Qué pasa cuando sientes el espacio sin agarrarlo de ninguna forma?

¿Qué ocurre cuando ubicas una conciencia no fijada en un espacio sin sostener?

Practica esto durante tanto tiempo como dure, como cuando pulsas una vez al timbre para que suene y mantiene el sonido en el espacio durante un tiempo.

Con el tiempo, la conciencia desaparece o se fija sobre algo. Entonces, haz sonar la campana otra vez, gentilmente, poniendo dicha conciencia no fijada en un espacio no sostenido, y déjala sostenerse, completamente abierta sin esfuerzo, hasta que ésta se fije sobre algo: un pensamiento, una emoción, un recuerdo. De nuevo, permite a la conciencia relajada que pueda ubicarse en un espacio sin sostener, como el sonido de un timbre que llena el aire.

La conciencia no debe sentirse sólo por dentro, mientras que se asume que el espacio ha de estar allí fuera. Más bien, la conciencia impregna el espacio —que está vivo y lleno como la conciencia.

La iluminación instantánea es así: la conciencia suena abiertamente como el espacio.

26 DISCURSO

«Hola, me alegro de verte.»

Esta frase puede decirse con la energía de la cólera, de la dulzura, del erotismo, del odio o de la timidez.

Puedes hablar con cualquier cualidad enérgica, llenando la sala de conciertos de tu experiencia. Los cuerpos que hay en esta sala –tuyos y de otros– resuenan gracias a la energía que ofreces.

Elige la energía de tu discurso como un músico que selecciona una canción de su repertorio, para abrirse al público.

La iluminación es responsabilidad.

Sé responsable de tu respiración, de tu postura, de tus pensamientos y de tu discurso, y ábrete artísticamente a aquellos que flotan en este momento.

Permite a la conciencia que llene los colores y las formas de tu experiencia. Extendiendo la conciencia en el espacio, incluye a los cuerpos de los demás. Tu energía-discurso llena instantáneamente estos cuerpos y todo el mundo lo advierte.

¿Cuán responsable estás dispuesto a ser? El mundo espera tu respuesta, como el público en tu concierto.

27 ROMANCE

La próxima vez que te sientas atraído por alguien, imagínate que tienes un sexo fantástico con él o ella (o que intercambiáis miradas sugestivas durante una cena a la luz de las velas, o que os deslizáis el uno contra el otro en un baño caliente, o retozáis juntos bajo una catarata −no importa tu fantasía sea).

Trata de hacer esto durante todo el día. Si te sientes atraído por tu jefe o tu colega en el trabajo, fantasea con él o con ella. Fantasea personas sexys que veas por la calle o en la tienda de comestibles, o incluso con actores y actrices de la televisión o del cine.

Una vez que puedas fantasear de esta forma activa y libremente, realiza la serie de ejercicios siguiente. Puedes hacer uno o dos, los que mejor te vayan, o de manera sucesiva, uno después del otro, con cada persona que te atraiga:

1. Con independencia de tu fantasía (sexo salvaje en una jungla vaporosa, un suave masaje en las aguas en movimiento de una cálida playa), siéntela como si se tratara

de una película. Rebobina hacia delante, con más y más rapidez. Acelérala hasta que se convierta en una imagen borrosa de luz blanca.

2. Permite que tu fantasía comience donde normalmente empieza (imagínate que estás en una cama de baldaquín rodeada de velas, o detrás de un arbusto en un parque público), y continúa la fantasía, a velocidad rápida, imaginando el resto de vuestras vidas juntos.

Fantasea acerca de envejecer juntos, y que tu atractiva pareja se pudra con la edad: dientes cayéndose, pechos caídos como tortitas, un pene ajándose como un gusano, un aliento que apesta a moho.

Repite esto una y otra vez durante un par de minutos, empezando con la fantasía sexy y avanzando a la inevitable vejez, enfermedad y decrepitud.

Acaba cada fantasía contigo o tu pareja imaginaria muriendo, con excreciones pútridas que gotean desde cada orificio de vuestros cuerpos.

3. Empieza con tu fantasía favorita, pero con una especie de visión de rayos X, de manera que la piel de tu pareja se torne transparente.

Tal vez sigáis estando juntos, bailando bajo la luz de la luna o haciendo el amor en el bosque, sólo que ahora ves los intestinos de tu amante, su bilis, su glándula linfática, su esqueleto y su hígado. La vejiga de tu amante se llena de orina, mientras su colon se sacude con excrementos.

Continúa con la fantasía durante un par de minutos más, como si tuvieses esta especie de visión de rayos X, y pudieras observar a través de la piel lo que tu amante es realmente por dentro.

4. La física moderna explica que la materia es energía. Incluso la carne y los huesos son, en gran parte, espacio vacío, con partículas ampliamente separadas las unas de las otras, que vibran como probabilidades. Así que imagina tu fantasía favorita, sintiendo tu cuerpo y el de tu amante como si fuesen, en su mayoría, un espacio vibrante: espacio que hace el amor con espacio, energía que baila con energía en un prado lleno de flores o sobre una manta afelpada que también es espacio que vibra como energía.

5. Recuerda todas las veces que has experimentado un «gran momento» en el pasado, romántica o sexualmente. ¿En qué se ha convertido ese momento ahora?

A pesar de que pueda resultar maravilloso guardar este recuerdo en tu mente, al mismo tiempo que rememoras, ¿acaso por ello ha cambiado tu casi constante sentido de la soledad, de la desesperación o de la pena?

Fantasea plenamente –con olores intensos, con placeres de pecado, con éxtasis sensual y con sabores seductores– y siente cómo la fantasía se disuelve y se convierte en nada allí mismo. Instantáneamente.

Repítelo: siente cómo la plena y detallada fantasía se disuelve inmediatamente y se torna insignificante, como todos tus grandes momentos en el pasado. Ve de un lado a otro entre una fantasía vívida y un desvanecimiento en la apertura hasta que ya no estés interesado en continuar.

Estos cinco ejercicios pueden realizarse con cualquier experiencia real, no tan sólo con tus fantasías.

De pronto, es obvio: cada gran momento –recordado o esperado– está extremadamente vivo y lleno de la riqueza de la vida, y también vacío, desvanecido y olvidado, sin huella alguna.

Cuando estos dos sentimientos –plenitud y vacío– sean simultáneos e instantáneos, tu vida será libre y constituirá una expresión del amor. Ninguna esperanza ni recuerdo ni fantasía son necesarios o satisfechos. Y si un pensamiento o fantasía *es* satisfecho, simplemente repite estos ejercicios.

Por supuesto, cuando elijas grandes experiencias momentáneas por encima de una rendición que intente ser la expresión espontánea del amor, rechaza estos ejercicios.

Una terrible vida de rutina salpicada con unos cuantos grandes momentos. O la siempre explosiva y singular ofrenda del más profundo amor de tu corazón. Es tu elección.

28 RADIO

Cuando escuches la radio, trata de localizar el lugar de donde procede la música.

Tal vez creas que el sonido está dentro de tu cabeza. Pero no puedes sentir realmente una frontera marcada por tu cráneo, ¿verdad?

Cuando oyes, el sonido ocurre en un espacio sin fronteras específicas. ¿Dónde está este espacio en el cual tiene lugar el sonido? ¿Dónde parece hallarse?

Oír es ser consciente del sonido. El espacio del sonido es el mismo que el de la conciencia del sonido. La conciencia y el espacio son una única apertura.

Todos los sentidos –olfato, tacto, vista, gusto y oído– vienen y van, pero el espacio potencial donde ocurren es una apertura siempre-presente. Los sueños vienen y van en este espacio por la noche, y también lo hace la música de la radio, y todo lo que estás experimentando ahora mismo.

Advierte al escuchar la radio que no notas las fronteras de tu cabeza. ¿Cuál es tu experiencia directa?

¡Por encima de tus hombros estás completamente abierto!

La apertura se encuentra donde debería estar tu cabeza, por encima de tus hombros, Si miras hacia abajo, tu cuerpo entero aparece en este espacio-conciencia de apertura. Por ello, en realidad, tus hombros están dentro, no por debajo, de esa apertura.

Pero no pienses en esto. Siente directamente lo que se halla por encima de tus hombros. ¿Qué es lo que sientes? ¿Una caja de huesos con mirillas a través de las cuales observas? ¿O una apertura sin fronteras en la cual todo aparece?

Ésta puede ser la primera vez en tu vida en la que sientes directamente lo que hay por encima de tus hombros, así que, por favor, dale una oportunidad.

Esta apertura, este lugar-acontecimiento que parece estar por encima de tus hombros, está, de hecho, ligada a tu corazón. Es como el llamado *bocadillo* que se dibuja en las viñetas en el que está la conversación de un personaje, pero que no procede de tus labios como en la mayoría de las viñetas, sino de tu corazón.

En tu caso, este bocadillo-apertura no tiene fronteras. Lo que experimentas ocurre dentro de ella. Y, a pesar de que la apertura parece ser un espacio por encima de tus hombros, su fuente está en realidad en tu corazón.

Por tanto, lo que oyes en la radio –toda tu experiencia– toca tu corazón. Sé la apertura que eres, todo y todos tocan tu corazón. El lugar-acontecimiento de toda posible experiencia es la apertura-sentimiento de tu corazón, llena de ideas que parecen flotar como un espacio abierto por encima de tus hombros.

Nada y nadie está aislado de la capacidad de sentir de tu corazón. Esta apertura de sentimientos es el espacio en el cual oyes la radio, donde piensas y sueñas, y donde estas palabras aparecen ahora mismo. Siente esta apertura donde debería estar tu cabeza, y di estas palabras: «Te quiero»; aparecerán de inmediato en tu corazón.

29 CÁNTICO

El cántico se halla a medio camino entre hablar y cantar. *Di* un solo tono –«Ah», con la voz que normalmente usas para hablar. Ahora, *canta* el mismo tono. Sentirás una diferencia. El cántico consiste en cantar con la voz con la que hablas.

Sigue cantando: «Ah», con cada exhalación durante unos cinco minutos. Siente cómo este «ah» se extiende hacia el exterior, llenando el espacio y disolviéndose en la apertura. Al cabo de un rato, añade variaciones de tono. Usa varias formas con tus labios, tu lengua y tu mandíbula para producir sonidos distintos. Y, finalmente, permite que las *palabras* ocupen el lugar de este «ah».

Todas las palabras son modificaciones de un tono universal, modulaciones del «ah» que llena el espacio.

El cántico permite abrir el espacio del amor en tu corazón.

Practica el cántico «ah» hasta que sientas que tu corazón se abre y cómo el sonido del amor se ofrece hacia el exterior a todo y más allá.

Siente cómo las palabras-formas adquieren forma, como si se tratase de olas en la apertura del amor.

«Ah» es la apertura del amor. Las palabras con sus texturas.

Mientras hablas, siente cada palabra y este universal «Ah», el tono del amor, del cual es una modulación.

Siente el «Ah» como un amor abierto. Di todas las palabras como formas pronunciadas desde la apertura de la devoción de tu corazón.

El discurso devoto consiste en modular el «Ah» de manera que cada palabra que salga de tus labios lleve amor y se abra como un espacio sin fin.

30 HÉROE

Consideras que ciertas personas son tus héroes. Tal vez tu héroe sea una estrella de cine o un deportista. O quizás tu héroe sea un científico o un político. Tal vez tengas héroes pequeños como tu abuela y héroes mayores como Jesús, la Virgen María, Martin Luther King, Jr., o el Dalai Lama.

La razón de que alguien sea tu héroe es porque él o ella encarna cualidades divinas. Tu héroe es un vehículo a través del cual brillan la bondad, la verdad o la belleza.

Pero si éstas cualidades no estuviesen ya vivas en ti, entonces no encontrarías eco de ellas en tus héroes. Es como cuando un burro habla de orejas.

La iluminación instantánea consiste en relajarse como si fueras apertura, exponiendo todas las cualidades heroicas que forman tu naturaleza interior –tus posibles expresiones en cualquier momento.

Probablemente puedas sentir que algo te llama al cambio, susurrando –o gritando– en tu corazón. Anhelas crecer, cultivar un amor más profundo, desarrollar los presentes de tu corazón.

Sientes una urgencia natural a hacer de tu vida una ofrenda sagrada, mediante la capacidad de tornarte transparente frente a las cualidades divinas que quieren brillar a través de tu vida.

Una forma de cooperar con tu llamada al cambio que se siente desde el corazón es relajarte y abrirte, e imaginarte a ti mismo como tu propio héroe o heroína.

Supón que Jesús es un héroe para ti. Primero, relaja tu corazón y aléjalo de las cosas que parecen estar ocurriendo en la imagen que tienes del momento actual.

Como si introdujeras la mano en una densa niebla sin encontrar nada en ella, desde tu corazón, siente el interior mismo del espacio-conciencia.

Relaja la tensión que hay alrededor de tu corazón y ábrete con calma, como *si fueras* ese espacio-conciencia, una esfera interminable de sufrimiento, donde tú y el mundo entero estáis ocurriendo ahora.

Siente realmente –y permítete ser– la apertura que es la conciencia, brillando como toda la luz que ves, vibrando como el sonido que oyes, tomando la forma de cada sabor, olor y cosquilleo.

Relájate como una conciencia abierta-desde-el-corazón, visualizando a Jesús (o a cualquiera de tus héroes) vívidamente frente a ti. Lentamente, permite que la imagen de tu héroe se acerque hasta que tu cuerpo y el de tu héroe se mezclen como si fueran uno solo.

Lleva el cuerpo de Jesús como si fuese el tuyo propio. Siente lo que sería respirar, andar o hablar como tu héroe. Sé conciencia abierta desde el corazón brillando como la luz, vibrando como las palabras y tomando la forma de Jesús, tu héroe.

Cuando puedas sentir que encarnas las cualidades de tu héroe, permite que la visualización se disuelva, conservando las cualidades que tanto admiras. Relaja tu habitación intencional de la forma de Jesús y continúa sintiendo cómo la verdad, la belleza o la bondad de tu héroe brillan hacia delante.

Puedes practicar este mismo ejercicio con estrellas cinematográficas, atletas o líderes mundiales. Lleva, siente y expresa las mismísimas cualidades de todos tus héroes.

Mientras desarrollas más destreza, el proceso entero ocurre instantáneamente. Visualizas a tu héroe, sientes y te fundes con su forma, y luego te disuelves como si fueras esa forma, quedándote abiertamente vivo, brillando espaciosamente como las cualidades que admiras.

Cuando sientas una cualidad iluminada o divina en una persona, relájate y ábrete instantáneamente como esa cualidad a través de este ejercicio.

Entonces, en el despliegue de tu vida, puedes ofrecer a los demás esa cualidad como si se tratara de un regalo, al mismo tiempo que la encarnas más profundamente. Con el tiempo, la visualización se torna innecesaria. Sin esfuerzo, eres una fuerza abierta de bendición.

Si estás relajado como la propia apertura, ofreces espontáneamente los presentes de todos tus héroes y heroínas.

31 MEJOR

Querer ser mejor es bastante natural. Buscar la perfección –en el amor o en el arte– es un aspecto de la fuerza evolutiva que vive en todos.

Este deseo de ser excepcional y de dar los presentes que puedas a los demás es el derecho de nacimiento de todo ser humano. Aun así, la mayoría de la gente tiene demasiado miedo o es demasiado perezosa como para lograr sus objetivos y sentir plenamente a los demás.

No obstante, hacerlo –vivir una vida excepcional– no es para tanto.

Imagínate un mundo de supertriunfadores y obsequiadores.

Supón que todo el mundo en la Tierra es como Bill Gates, un multimillonario que apoya a numerosas asociaciones benéficas. O tal vez la población sea como Nelson Mandela o Oprah Winfrey, que superaron el encarcelamiento o el abuso para conseguir la libertad y el éxito, y que ofrecieron la misma oportunidad a otros muchos.

En este mundo imaginario, todos reciben lo que quieren y dan lo que pueden por el bien de los demás.

Como todo, este mundo imaginario dejaría de existir, sin que importe cuán hermoso pudiese ser. Todos en este mundo morirían antes o después, posiblemente en paz mientras durmiesen, o quizás con gran sufrimiento a causa de una enfermedad atroz o de un accidente inesperado. La Tierra misma no va a durar tanto en el esquema cósmico de las cosas.

Incluso mientras durase su vida, ¿qué encontrarían estos supertriunfadores y obsequiadores si inspeccionasen muy de cerca el todo de cada momento?

Aunque se usara cada herramienta en la ciencia moderna, la mayor parte seguiría siendo desconocida –hay más galaxias masivas y reinos subatómicos que no podemos ver de los que conocemos.

Así pues, en este mundo imaginario y perfecto de seres excepcionales en medio de un universo misterioso, ¿qué es lo mejor que podemos esperar antes de que muera el sol?

Tal vez la paz mundial. El fin del hambre y de las enfermedades incurables para todos los hombres. Un arte magnífico.

Imagínate que habitas este mundo tan perfecto como sea posible. Tus amigos y tu familia comparten contigo un amor sin obstrucciones hasta que mueren. Hay dinero, comida y energía en grandes cantidades –supongamos que hemos aprendido a crear fuentes de energía libres de contaminación y renovables.

Compartimos nuestra abundancia con todos los humanos y también con tantos no humanos como nos es posible, protegiendo y enriqueciendo nuestro medio terrestre.

Vives con belleza, bondad y confianza y también te sientes sobrecogido por todo lo que hay más allá de tu capacidad de saber.

Así pues, ¿qué es lo que haces exactamente con tu vida?

Tal vez te pases la vida produciendo maravillosas pinturas, sinfonías, tratados filosóficos, casas, parques, espacios para vehículos, relaciones sexuales o una familia –todas y cada una de las cosas que quieras.

La comodidad de este tipo de mundo sería tremendamente seductora. Es decir, prestarías atención a lo que aparece como «tú y el mundo» porque sería inmensamente placentero hacerlo.

Pero, ¿cuánto tiempo permanecerías satisfecho?

Un impulso evolutivo está activo en el mundo que se nos aparece. Puedes verlos en los restos fósiles y en la historia de la humanidad. Puedes verlo reflejado en la vida de los individuos, que evolucionan desde la infancia hasta la edad adulta.

Y lo puedes sentir inmediatamente en tu sentido de insatisfacción –incluso aunque vivieses una vida excepcional en un mundo perfecto.

Somos partes de un todo que parece volverse *más* todo. El mundo perfecto que hemos estado describiendo es, como mucho, una fase en la evolución de dicho impulso evolutivo.

Tu vida actual puede ser más hermosa que la de la mayoría de la gente que sigue luchando sobre la Tierra. Sin embargo, si el impulso evolutivo está vivo en ti, también lo estará la insatisfacción.

Una vida excepcional no es siempre sinónimo de una vida auténticamente profunda. De hecho, si le preguntas a unas cuantas personas, descubrirías que muchos de sus aprendizajes más profundos proceden de tiempos de gran sufrimiento, desesperación, pérdida, escasez y deseo frustrado.

Cuando superas algo, lo conoces. Lo que superas resulta menos interesante para ti.

Un mundo cómodo de abundancia, de éxito compartido y de ofrenda generosa se tornaría con el tiempo poco interesante, tan poco como lavarte los dientes. Continúas haciéndolo porque te sientes bien y sabes que es bueno para ti; enseñas a tus hijos a lavarse los dientes porque te preocupa su bienestar. Pero no vives por el bien de lavarte los dientes. Has evolucionado más allá de eso.

De la misma manera, llegará un tiempo en el cual ya no vivirás por el bien de mejorar tu propia vida, compartiendo la armonía y al mismo tiempo aliviando el sufrimiento en el mundo y sirviendo a los demás. Tal vez continúes desempeñando estas acciones, pero más por costumbre –como lavarte los dientes– y menos como por tratarse de una razón de vivir.

Liberado de la fuerza motivadora de vivir una vida excepcional y ayudar a los demás a hacer lo mismo, tu atención se relaja literalmente y se aparta de las cosas –todas las cosas, incluidos tú y los demás.

Tu atención cesa de manera natural de ser altamente motivada hacia o fuera de lo que sea o de quien sea.

Ni buscas ni tratas de no buscar, incluso cuando el impulso evolutivo vive a través de ti.

Cada momento espontáneamente aparece y desaparece –de manera instantánea, para siempre.

De pronto, ocurre una inversión. Como sucede de una forma a la cual sólo pueden señalar las palabras, cualquier explicación de esta iluminación instantánea se queda corta.

Es como si nada hubiese ocurrido.

Sin embargo, todo sigue ocurriendo, movido por el impulso evolutivo.

Éste es el principio de una clase de vida totalmente distinta. Al mismo tiempo que esta vista se profundiza, el nacimiento y la muerte pueden ya no ser advertidos o recordados.

Tan poca gente parece haber agotado su deseo de «mejorar» que existen muy pocos modelos de una vida que se vive desde la apertura de ser, libre de ideas. Mucha gente ha llegado hasta el punto de la desesperación, incluso aquellos que han vivido vidas excepcionales. Pero muy pocos han permitido que su desesperación se infiltrase tan profundamente que la esperanza y el miedo desapareciesen gracias a una siempre repentina apertura.

Aún menos gente ha demostrado lo que es vivir una vida humana como *sifuera* esta apertura, a través de la cual se expone el impulso evolutivo.

¿Acaso sólo te sentarías y morirías? ¿Crearías una canción y bailarías? ¿Vivirías sexualmente o en celibato?

¿Por qué no lo descubres, empezando ahora mismo?

O, de lo contrario, continúa buscando formas de mejorarte a ti mismo y servir al mundo como razón de vivir, hasta que, como para lavarte los dientes, el impulso evolutivo sea vivido, pero apenas como una razón para seguir viviéndolo.

Éste es el recorrido de la iluminación instantánea para aquellos que están motivados por un deseo de mejorarse a sí mismos y al mundo:

Vive una vida excepcional y ofrece lo que puedas por el bien de los demás, al mismo tiempo que tu motivación se reduzca a cero de manera natural.

Entonces, relájate a través de la inevitable fase de desesperación hasta que no le des valor alguno al hecho de estar vivo.

Con nada que perder o ganar, ofrécete a ti mismo para ser vivido como la expresión singular de la fuerza evolutiva del amor.

Actúa y ofrécete de manera espontánea, instantáneamente abierto, desaparecido como un brillante sueño olvidado, apareciendo pero nunca ocurriendo, tal y como es.

Hay un humor, muy hondo en tu corazón, que ofrece lugar a esta paradoja divina de unidad: la brillante e imparable ofrenda del amor que va a la par con el anhelo del tiempo de desvanecerse como una súbita apertura.

Vive libre como el amor.

32 BULTO

Lentamente, abre y cierra los ojos. Date cuenta de que, a pesar de que los colores vengan y se vayan, permanece la capacidad para percibir la luz. Mientras abres y cierras los ojos, presta atención a lo que *no* cambia.

Coloca tus manos sobre tus orejas, cubriéndolas para no dejar que entre la mayor parte del sonido, y luego apártalas para que puedas oír otra vez. Repite esto y date cuenta de lo que permanece mientras el sonido viene y va.

Aguanta la respiración hasta que sientas que ya no puedes y luego respira. Una sensación de ansiedad –la necesidad de respirar– aumenta mientras aguantas la respiración, y luego desaparece cuando respiras de nuevo. Advierte la siempre presente apertura de la conciencia que puede sentir, aun cuando la ansiedad viene y va.

Cuando hayas practicado estos ejercicios con tus ojos, orejas y respiración durante un tiempo suficiente, reconocerás fácilmente la apertura siempre presente. Esta apertura está viva y te es familiar. Tú *eres* esta apertura –viendo, oyendo y sintiendo.

Aprende a confiar en esta apertura siempre presente hasta que puedas dejarte llevar completamente, poniendo los contenidos de cada momento tal y como el sol te ofrece su luz.

Sujetándote a nada, cae abierto como el espacio sin sostener un sentimiento sin fronteras, radiando hacia afuera.

Casi instantáneamente, ocurre un colapso: «Tengo hambre», «Tengo que pagar el alquiler», «¿Soy realmente amado por ser la persona que soy?».

De nuevo, relájate y ábrete y siente sin final.

Con independencia de lo que pienses o percibas, irradia tu experiencia como un despliegue luminoso que se proyecta en la apertura del espacio.

Cuando hagas esto, la presencia de la apertura empezará a aumentar espontáneamente.

Actúas no como una persona sólida y separada, sino como la ofrenda abierta del amor.

Ofrece a los demás esta apertura que comienza a abultarse. Siente la apertura intensificándose, moviéndose hacia adelante y entrando en otra gente.

Si fueses una apertura que se abultase hacia y dentro de los personajes de un sueño, la luminosidad de éstos se iluminaría como si estuvieses encendiendo el brillo de su presencia.

Finalmente, la misma intensidad de la luz-sueño se haría más obvia que cualquier otra imagen en particular del Sueli, incluida toda la gente soñada y a tu yo del sueño.

Es lo mismo para ahora. Este lugar que llamas «ahora» está encendido y presente, como un mundo soñado. Puedes permitir a la luminosidad y a tu presencia y a la de todo el mundo que se abulten, abriéndose como un todo.

El universo se expande y se abre de manera natural, tal y como tú estás haciendo. Esta intensidad de apertura se satura y llena todo lo que está ocurriendo.

Primero se requiere mucho esfuerzo para sentir esta apertura, porque estás acostumbrado a estrechar tu atención a lo que está ocurriendo: tus pensamientos incesantes, la vista que se le va a tu novio, el trasero de tu novia. Pero estas cosas *son* el sentimiento abultado de ser, que se ondean como formas, como una película proyectada en el espacio y cuya acción ocurre en el aire.

Difícil de describir con palabras, pero inconfundible en la experiencia directa. Simplemente cierra y abre los ojos, cubre y descubre las orejas, aguanta la respiración hasta que te sientas ansioso, y luego respira de nuevo. Lo que ha seguido constante a través de todo esto es la apertura que siente.

Abúltala.

Irradia sin límites, intensificando tu ofrenda, la apertura que siente.

Lo que los científicos llaman el Big Bang es una ofrenda; el universo en expansión es el impulso del amor para saturar a todo el espacio con sentimiento.

Sé un Big Bang de amor, ofreciendo una apertura sin fin como un océano sin orillas siempre en expansión. Satura y llena a todos los demás como si fuesen esponjas secas, y empápalas y ábrelas con la luz líquida del amor, hasta que también se abulten, llenos de sentimiento.

Cuanto más ofrezcas este bulto de apertura siempre presente a los demás, más se empapará el despliegue que te incluye, lleno como una ofrenda repleta de amor.

Tu amor es un regalo para los demás. Tu luz prende las suyas. Tu presencia, mientras se abulta, intensifica la plenitud de sus corazones, que es una apertura de *sentimiento*, llena de luz, sonido y emoción latiendo.

Esparce el sentimiento-apertura como los rayos del sol llenando el espacio.

Ofrece tu presencia-sentimiento, abultándose y abriéndose sin esfuerzo.

Relájate al mismo tiempo que te abultas, como fundiéndote en el interior de tu amante y abriéndote hasta reventar.

El resto ocurrirá por sí mismo.

Ser es abultarse.

Sentir es abultarse.

Todo sufrimiento innecesario es el rechazo a abultarse como si fuera la ofrenda del amor.

33 EDAD

Los niños no sueñan con tener relaciones sexuales con la camarera. La mayor parte de las personas que tienen ochenta años no se obsesionan con estar atadas y torturadas por una lengua por encima de las rodillas.

A pesar de que hay excepciones, el deseo sexual, como experiencia corpórea que es, pertenece en gran parte a la mediana edad.

Esos bípedos de mediana edad hacen una montaña de un granito de arena, embelesados para seducir e impresionar. A veces conceden demasiada importancia al sexo, y en ocasiones se la quitan. Utilizan un espejo en su cuarto de baño como un reflejo sexual. Sus compras de ropa están dominadas por la motivación sexual. Andan y posan y miran con dicho propósito. Se aplican a sí mismos los perfumes de la excitación.

Durante la mediana edad, el sexo es una fuerza corpórea poderosa; tan influyente que incluso tu peinado probablemente fue elegido, en parte, por razones sexuales. Aun así, ¿cuán bueno ha sido el sexo para ti?

Considerando que su casi constante influencia determina la mediana edad, ¿cuántas horas en total –o minutos– han valido realmente el tiempo, el dinero, el dolor y el esfuerzo que has puesto en convertirte en sexual?

El juego es placentero, por supuesto, sin importar si haces el amor o no. Pero, obviamente, la ganancia no es el sexo en sí, que para la mayoría de la gente es demasiado rápido, superficial, y con el tiempo, rutinario, si te quedas con la misma pareja durante cierto tiempo.

La verdadera ganancia, si de verdad juegas, es ésta: el sexo corpóreo te prepara para hacer el amor como la pasión de cada momento –una apertura abierta, libre de necesidad, jugando como una multiplicidad guiada por el deseo.

Del mismo modo que el cielo no puede ser separado de su apariencia azul, sin ser azul realmente, la apertura no puede ser más que un suceso apasionado; sin embargo, ella misma no está ocurriendo.

Esto es sexo: quieres algo más que el ahora, y sin embargo, sólo rendirse ante este deseo permite su plenitud.

Así pues, a través de la mediana edad, el juego juega por su propio bien. Sí, dámelo. No, no lo quiero. Sexo.

Con el paso de los años, los juegos de sexo parecen tontos. Sabes de una juventud que transcurre en la locura de la persecución.

Y así es cada momento. El ahora no se va a ningún sitio aparte de ahora, y, sin embargo, va y va y va.

Como un viejo perro descansando, finalmente lo habrás visto y hecho todo. Y si no lo has hecho, has desperdiciado la mediana edad.

Si el ahora no está tan abierto como los mejores momentos sexuales de tu vida, entonces continúa repitiendo los ejercicios de este libro, o haz lo que sea que se equipare por dentro y por fuera de manera que la apertura esté viva como un espacio de sexo azulado.

¿Hay algo que impide que te rindas y abras tu cuerpo, sin dejar nada, aparte de los colores vivos del amor, incluso cuando la edad te concede la clara luz de la muerte?

34 AMOR

Para la iluminación instantánea, ésta es la prueba: ¿puedes amar durante un paraíso y un infierno siempre crecientes?

¿Puedes amar en todas las direcciones, hacia dentro y hacia fuera?

Incluso durante estados de repugnancia y dolor y vergüenza y deseos de muerte doblándose sobre sí mismos en un mundo repleto de soledad y tormento abrasador, ¿puedes amar?

Si no puedes amar, no cambia nada.

Si puedes amar, no cambia nada.

Excepto que puedes amar.

Nada ni nadie te dará nada jamás, excepto una oportunidad para amar.

Ahora.

ÍNDICE